新思維・新體驗・新視野

PUBLICATION

新喜悅・新智慧・新生活

魔法媽媽
開運★大補帖

LOT系列

魔法媽媽★開運大補帖

編　著　者：胡婕筠
出　版　者：生智文化事業有限公司
發　行　人：宋宏智
企劃編輯：陳裕升・汪君瑜
責任編輯：林淑雯
文字編輯：張愛華
美術編輯：靜薰(nana)・莊馥樺
封面設計：靜薰(nana)
印　　務：黃志賢
登　記　證：局版北市業字第677號
地　　址：台北市新生南路三段88號5樓之6
電　　話：(02)23660309　　傳　真：(02)23660310
E-mail：service@ycrc.com.tw
網　　址：www.ycrc.com.tw
郵撥帳號：19735365　　戶　名：葉忠賢
印　　刷：鼎易印刷事業股份有限公司
法律顧問：北辰著作權事務所 蕭雄淋律師
初版一刷：2004年3月　　定　價：新台幣 249 元
ISBN：957-818-588-X

魔法媽媽★開運大補帖／胡婕筠 作.
初版.--台北市：生智, 2004〔民93〕
面：　公分.--（LOT系列）
ISBN 957-818-588-X（平裝）
1.改運法

295　　92021210

序 我也能做哈利波特！

西元二〇〇〇年全世界有一本《哈利波特》的小說上市，轟動了全球，當我翻讀這本書的時候，發現它所用的魔法全是虛構的，而大家卻為它的魔法而著迷，當時，我的小姪女說：「姑姑，你不是也懂一些魔法嗎？妳懂得如何招財、升官、求婚姻、求子，為什麼妳不寫一本『哈利波特』呢？」

中國自古流傳了許多法術，但是並沒有完整的用文字記載下來，筆者民國七十七年開始拜師學習命理，至民國九十年間，共計拜了五十多位老師，有些老師可以用香討債，也可以用柚子求考運，其中千奇百怪的各種方法，皆可以改變人的命運。

民國八十四年間，在一個偶然的機會下，我學習中國神秘的五術——奇門遁甲，每當我在教學當中唸起古書的時候，全班的同學幾乎都快睡著了，當時我就在想為什麼要用很艱深的文字來傳授奇門遁甲？要如何用輕鬆的學習方式，讓大家更容易學習奇門遁甲？其中民國八十九年在《財神農民曆》中嘗試了用漫畫的方式表現出奇門遁甲，可惜不盡完美，因此我暫停了寫奇門遁甲這本書的計畫。

民國九十年「緯來綜合台——天外有天」的節目，由于美人所主持，當時節目的型態是每一集由各個老師來論斷節目特別來賓的命運，當時我建議禾盛傳播的製作人萬玉鳳小姐，不妨用中國的奇門遁甲來製作這個節目，在第一集裡的第一個單元做「香水百合招財法」、第二個單元做「招財符招財法」，當時造成街頭巷尾瘋狂採購香水百合，香水百合的價格一日三價，比原來的價格上漲三倍之多。有許多觀眾來信問我可以催財的難道只有香水百荷嗎？還有沒有比它更有效的東西？

本書是用寫食譜的方式記載中國的奇門遁甲使用方式，你不妨按照它的步驟來造命，相信你也會變成哈利波特！

胡婕筠

【目次】

壹 花草爲你造好命

【目次】

【目次】

參 民俗節日求鴻運 62

【目次】

【目次】

【目次】

★香水百合催財法
★山海鎮制煞法
★迎客松聚人氣法
★水仙招財法

壹

花草為你造好命

★仙客萊迎好運法

★室內植物轉陽法

香水百合催財法

八十六年三月二十八日，無意間朋友送來六盆香水百合，隨手將它放在客廳，沒有太在意，但從第二天開始至第十天，我的工作室營業收入增加了十倍。在這段期間我南來北往，十分的忙碌，等到四月八日終於忙完了，當時我在想，為什麼會有這麼好的收入？拿出紫微斗數的命盤研究我近來可否賺這麼多錢，沒有道理呀！再看看我家的陽宅，今年是否有吉氣到，最後依舊沒有答案。

在百思不解當中，想到我從來不插花，家中多了香水百合，嗅到一陣迷人的氣息，頓時精神一振，做起事來也會特別起勁，難道是它的功效嗎？因此我要求一百位學生跟我一起做實驗，看看是不是香水百合的功效。實驗的結果，統計到目前為止，成功率是百分之七十五。

百合是多年生的草本植物，其花成喇叭狀，有白、紅、黃諸色，球根如蒜，百合花花姿綽約、色彩艷麗、香氣襲人，姿色香俱佳。

百合其名吉祥，又百合之百與數字之百同音同形，故常被取以為用，吉祥圖案中的「百」多借百合比喻，如「百事如意」，為百合花（或百合根）、柿和靈芝的紋圖。此種圖案除常見於畫稿、織物、建築、家具，亦多見於誕生和嫁娶喜事。此外如：百合根、柿子及大桔子的圖喻意「百事大吉」；而兩個百合球根與萬年青的紋圖則是「和合萬年」。

●香水百合可用來供佛。

●將香水百合置於室內適當位置，可改運。

◆開運這樣做

一、哪一種香水百合才能招財？

香水百合約有十多種，其中有真香、超香、假香、索伯尼、鐵炮、阿卡……等，顏色有白色、粉紅色、紅色等三種，什麼顏色都可以使用，不過必須具有濃濃的香味才能達到招財作用。

二、何時插花？何時換水？

一天當中最佳的時刻，是每天晚上十二點至十二點半插花換水；另一個可選擇的時間為早上九點至中午十二點前。只要花期持續得越久，財運就越旺喔！

三、插多久才會有效？

運氣好的人，往往當天插上當天有效，香水百合如果在夏天能保持十四天不謝，在冬天維持二十一天壽命，則財氣自然順。

四、插幾枝比較好？

枝數以單數為主，三枝、五枝、七枝、九枝皆可，每枝上有多少花朵均宜。

五、插好的香水百合擺哪裡？

適宜的擺放位置

1. 若是工作場合，香水百合適合擺放在櫃檯、櫥窗、營業場所的中心點，以及營業場所吉方（民國九十三年吉方在南方）。
2. 如果是住家，則建議擺在客廳或玄關處，九十三年宜擺在客廳的南方角落或玄關處。（見表一）

不宜的擺放位置

1. 廚房進口處及廚房內。
2. 廁所進口處及廁所內。
3. 臥室內；那會招致爛桃花。

開運小偏方 民國九三至一〇〇年插花吉方

香水百合的振波具有強烈的風水力量，所以，它擺放的位置也應該考究一點，錯放位置雖不會出現凶象，但若放在風水吉利的方位，會收事半功倍之效。每年插花吉方如下：

表一：民國九三至一〇〇年插花吉方

年＼方位	紅鸞	天喜	喜氣方
93	西南	東北	南
94	南	北	北
95	東南	西北	西南
96	東南	西北	東
97	東	西	東南
98	東北	西南	中
99	東北	西南	西北
100	北	南	西

山海鎮制煞法

大家都聽過植物可以制煞、防小人，但是對於盆栽的效果，真正了解的人可就少之又少。在傳統中國的居家住宅或寺廟，若遇路沖或破壞視覺觀瞻的東西阻擋在前，可在屋前設一圓形水池，化解不祥的煞氣。因為池內多砌有石山，喻意為成佛教之「九山八海」，起因於想求道的人，必須要翻渡九重山、八大海，才能到達佛教聖地「須彌山、妙高山」，但是路途險阻，高僧都不容易達到，何況「惡鬼」，更不容易越過屋前之九山八海來害人們了。

簡單的說，「山海鎮」的功能便是：凡有巷道、門沖、路橋，皆可用山海鎮加以化解。

一、如何製作山海鎮？

如果屋前有空地，那自然可設水池假山之九山八海，但目前工商業社會寸土寸金，大多數的屋前即是道路而無空地，想有假山流水設計談何容易，解決的方法有三種：

1. 貼紙畫：不妨在屋簷下貼一張紙畫的九山八海圖，此即「山海鎮」也。也可以只寫山海鎮三字。
2. 放鏡子：道教文物器材行裡有賣「山海鎮」，山海鎮是一個鏡子，鏡子上有九山八海的圖畫，表示制化屋前一些不好的事務，讓門前惡鬼遠離。
3. 養盆栽：既然假山假水放不進屋內，克服這項問題的方法不如採用小型的盆栽，放在屋內或桌上，一樣可以發揮效果。至於盆栽的選擇可以去花市買現成的植物，也可以按照接下來的步驟，做一盆賞心悅目的「山海鎮」盆栽。

二、製作山海鎮的材料與步驟

山海鎮盆栽中的九山可用九塊石頭或九棵小樹代替，而八海可用白色細砂石代表，所需的材料與製作步驟如下：

所需材料

1. 硃砂九錢（中藥店購買）。
2. 白砂、白石或黑砂、黑石（假日花市購買）。
3. 松、柏（假日花市購買）。
4. 先天八卦（可自己畫）。
5. 瓷盆栽（假日花市購買）。
6. 土、蛇木屑（假日花市購買）。

製作步驟

1. 先將松、柏種植在瓷盆裡。
2. 瓷盆裡面填放泥土至七分滿。

3.將黑沙與白沙成圓形狀灑下。
4.放硃砂、先天八卦。
5.上述動作完成後，最後覆蓋石頭或泥土，即大功告成。

開運小偏方　製作山海鎮的石頭須知

製作山海鎮的石頭必須是陽石才能擋煞，通常在花市買回來的石頭多為「陰石」石頭埋在土下不見天日為陰石，長期曝曬在陽光下之石頭為「陽石」，需要經過一道處理方法，才能陰轉陽，步驟如下：

1. 先將石頭浸在粗鹽水中。
2. 三小時後用清水清洗，再浸泡三小時。
3. 石頭擦乾後在屋簷下曬一天一夜即可。

迎客松聚人氣法

松是數千年來文人墨客所詠贊的對象，也是朝野普遍珍視的吉祥物。《花鏡》中云：「松為百木之長，諸山中皆有之……其質磥砢修聳，多節永年。皮粗如龍鱗，葉細如馬鬣，遇霜雪而不凋，歷千年而不殞……。」

迎客松立於大門，表迎接貴賓以達「人和之氣」也。入門口擺放「迎客松」或「迎客竹」，使「賓至如歸」達到「人和」之效果。門前或屋前種一顆松，樹形及枝條往門內傾彎，稱為「迎客」，也可用羅漢松、竹等代替之；屋後或後方庭園種植桂花，稱「留貴」，即有叢桂留人之意。

●斜幹式松。

中國人常說「松柏常青」，祝福人家長命百壽，也就是說樹木能年長到可當阿公的松，能活一百年的柏。其實樹木，特別是松樹，它可以放出很多的芬多精及陰離子，所謂森林浴，就是登山者能沐浴在「松濤飛瀑」中，這些植物及水氣，對人體生理上有莫大的助益，所以花木植物都是吉祥有益的。

◆開運這樣做

一、迎客松怎麼選？

製作盆景的材料一般多用木本，宜選擇樹姿優美、枝葉細小、萌發力強耐修剪、上盆容易成活且壽命較長的種類為佳。

●懸崖式松。

●臨水式松。

二、迎客松製作方式

1. 澆水：有經驗的人用手一彈盆就知道盆土濕乾的情況，如用手一彈發出噗噗的沉悶聲，則盆土濕潤；若發出清脆的堂堂聲，表示盆土已乾，必須澆水。一般葉大柔軟的要多澆水，葉細小較硬有臘質的要少澆水；夏天炎熱的中午要淋水，直到盆孔流出的水涼了為止；夏季氣溫達攝氏二十五度以上的每日澆水兩次，春秋則每日上午十時或下午三時澆一次即可。

2. 施肥：盆景的特點在於盆中泥土較少、養份有限，必須不斷施肥以補充養份，否則枝葉細弱枯黃，失去觀賞價值。松柏類每年施肥二至三次即可

3. 翻盆：時間長了土壤變硬，鹼性逐漸增高，樹的老根漸多，影響新根的生長。一般來說，根的白色根毛區（俗稱水根），是吸收水份和養份的區域，而無白色根毛區，儘管養份足，水份多，根能吸收的養份和水份也很少。因此在翻盆時，要除去部份老根，增加養份充足的土壤，這樣土壤疏鬆、通氣性好，為白色根毛創造適合的生長條件。

開運小偏方

松樹在日本民間的象徵意義

日本的寺廟前，也常種有松樹及梅樹，當百姓到寺廟拜拜抽籤時，如果抽到吉籤，就把它繫掛在松樹上，以等待也，因松及等待的日文發音相同；如果抽到凶籤，則把它繫在梅樹枝上，代表「埋」掉了，因為日本話，梅與埋是同音。

水仙招財法

有一句歇後語是這麼說的「水仙不開花，裝蒜」，這句話，其實委屈了水仙，它把水仙的功效遮掩掉了。其實水仙高傲挺立、冰清玉潔的外在表觀，在中國傳統民俗中，也被賦予了不可取代的吉祥意義。

相傳水仙為水中仙子所化，相傳「因其性喜水，故名水仙」，據《內觀日疏》載：「姚姥住長離橋，十一月夜半大寒，夢觀星墜於地，化為水仙花一叢，甚香美，摘食之，覺而產一女，長而令淑有文，因以為名焉。觀星即女史，在天柱下，故迄今水仙花名『女史花』，又名『姚女花』。」

水仙的高潔脫塵，甚受世人重愛，故常為新年案頭

●水仙是球根植物，剛開始時用水栽植即可。

的清供。其花質姿潔麗，馨香清絕，又值除舊佈新的新春佳節盛開，當闔家團圓、共嚐年夜飯的時候，清雅的水仙花悄然開放，給大家帶來明麗的春光。

因此，人們以為水仙有避邪除穢，給人間帶來吉祥如意的神奇力量。此外，水仙之仙與神仙、仙境之仙同字，甚為吉利，常被用來祝吉利、討口彩。

●懸掛畫有水仙的鏡子，亦可收效。

◆開運這樣做

一、水仙的栽種步驟

1. 將球莖置於有發泡煉石或小石頭的淺水盆上，注意水位浸到球莖底部即可。

2. 約二至三週後，便會長出葉片。

3. 在適當的陽光和溫度下，就能綻放香味濃郁的水仙。

二、水仙栽種的注意事項

1. 日照：球根種植後可移至日照約百分之五十的半陰處，土壤宜保持均勻濕潤，待葉芽伸出土面後，再將盆栽移至日照約百分之七十栽培，如此才能培養出健壯的植株。

2. 溫度：性喜冷涼、忌高溫，生育適溫約攝氏十至十五度。

3. 水份：中國水仙多以水耕栽培，因此在栽培時只須每天早晨換水一次或補充水份。

4. 施肥：一般來說在生長時間，水仙不需再施肥。

5. 花期：水仙的花期在每一年的過年前一個月到過年後兩個月，通常開花之前如韭菜花一樣，堅硬而不拔，當開完花後，就如一把黃色的稀爛的蔥和蒜一樣。

6. 枝葉修剪：開完花後，立刻修剪枝葉，能保持它不變黃。

7. 換水：水仙花瓶內的水，最好用礦泉水與煮開的水，以防花瓶內會生細菌，如果花瓶內發現有很多細菌時，花也就會很容易謝。

開運小偏方　民國九三至一〇〇年財位方

水仙香氣濃郁者佳，通常中國水仙品種以白色的花瓣，上面有黃色的花蕊最香。放置的地方，最好在近門口處，離門越近越有效，但擺在該年度的吉方亦可，各年度吉方如下：

■表二：民國九三至一〇〇年水仙放置吉方（財位方）

方位╲年	財位方
93	南
94	北
95	西北
96	東
97	東南
98	屋子中心
99	西北
100	西

仙客萊迎好運法

過年期間，你想請仙人到你家嗎？有一種花，它的名字叫「仙客萊」（Cyclamen），代表過年期間仙人會到你家做客，如果能請到仙人來你家，相對你的好運也會跟著來。

仙客萊來自遙遠的希臘及敘利亞一帶，是水仙的一種，於民國九年引進台灣，屬於秋植球根。

在過年的時間，正巧是仙客萊的盛產期，這時的仙客萊的品種有粉紅帶紅、紅色、紫色，當它開花的時候，像一個小蝴蝶似的，飛到我家窗前來，好比神仙降臨，為我們帶來了好運，過年的期間，買一盆仙客萊回家種，此時猶如神仙降臨我家，為我帶來好運。

●仙客萊。

◆開運這樣做

一、仙客萊的栽種步驟

1. 於秋天或春天時，將仙客萊的種子充份浸水2至3天。
2. 把種子撒播在盆土上。
3. 約一個半月，便會發芽。
4. 經過多次的移植後，方能定植，在定植時，應露出三分之一的球根。
5. 開花期共計三個月，在冬末夏初。開花時猶如一個風車，風車的下面有隻小棒子，必須將小棒子摘除它才會長出新的小花朵。

二、仙客萊的照顧重點

1. 仙客萊不需要大量的水，它有點像蘭花一樣，一個禮拜只要澆一次水，澆完水後必須讓它完全通風，否則它的球根會壞掉。它所用的土壤，必須是蛇木屑，而非一般所用的泥土。

2. 它是一顆半日照的盆栽，不適合全部放在屋內，也不適合全部放在外面，最好放窗台上。

3. 每年的清明時，仙客萊感覺上好像是垂頭喪氣了，其實此時它的花期已過，需要冬眠，只要將它的球根挖出，用塑膠紙袋放在冰箱的冷藏室中即可。至秋天時（約國曆八月份），將球根取出，再種入土壤裡，施一點點肥料，約二星期後，又能看到美麗的仙客萊了。

開運小偏方

讓仙客萊更美麗的撇步

如果你希望家中的仙客萊能開得茂盛又美麗，在這裡告訴你一個小秘方，只要把殺魚的水澆入種植仙客萊的土壤中，所開出來的花朵就會非常漂亮。

室內植物轉陽法

在奇門遁甲當中，植物被應用的相當廣泛，最主要的原因在於植物的淨化磁場，有非常顯著的功效。讀者或許在逛花市時，或是在許多報章媒體、街頭巷議中都曾經聽說過，利用不同的植物，在風水轉運上將發揮不同的功效，事實確實如此，這回筆者特地將「室內植物轉陽法」公佈給大家，讓讀者有機會把該在室內種植什麼樣的植物，會有什麼樣的效果，一次通通搞懂！

植物與風水的關係

花木或花木之圖畫，與風水有著不解之緣。大體而言，花木與人有三大關係：

1. 生理之吉凶。我們都知道，花木可以行光合作用而釋放出氧氣給人們，花木可以蒸散水氣以調節空氣中之濕度，使小孩不會因空氣乾燥而流鼻血，半夜睡覺不會令喉頭乾燥，不會因乾燥而傷及皮膚等。

2. 心理上之吉凶。一般人看到綠色葉片，都能使心情保持較穩定而心平氣和；看到紅色、黃色花朵，則充滿積極進取之心。

3. 命理之吉凶。家中不同的地方放一盆綠色植物，會為人加不同的分數，如果放本命生氣方則旺財、本命延年方則增加客源。

◆開運這樣做

一、室內植物改運法

1. 室內植物不宜過多，過多則潮濕聚陰，木陰則剋土，所以應該結上紅彩帶，使「木生火」以增加陽氣，唯大型室內植物之紅彩帶，宜結在整株植物之中央位置，此代表「人」也，亦即人正在蒸蒸日上。若結在頂稍，表示已達圓滿之「天」，較難再增進。若結太下方，則表示還在起步之「地」也。

2. 植物最好能開花結果。植物屬陰，若能開花結果，表陰中有陽、陰陽調和。室內觀葉植物不開花，所以宜結一小紅彩帶，表「木生火」，使轉陰為陽。

3. 植物最好無毒而有香氣。植物能放出「芬多精」，有樹香，若有花香則更佳，香氣會帶來喜神也。

4. 植物不宜過多，多則潮濕聚陰且不易管理。更不宜隨意散置各角落，應儘量佈置成一主景即可，主景之位置不要任意更動，但植物可隨時更換。並且室內植物一有枯枝枯葉，或茂盛枝葉，應不時加以修剪或移至室外補充日照。

5. 切忌將植物擺飾在室內通道上而妨礙通行，因為方便輕鬆正是居家之要。公共場所等大空間，為了求得室內氣流之均衡，則通道上可擺置植物，唯其應有適當之修飾。

6. 儘可能選用耐陰性植物，以確保綠意盎然。因為陽性好光植物久放室內，易落葉或枯死，而

●鵝掌藤。

●蕨類。

枯木在風水上是犯了大忌，必須加以留意。

耐陰性植物如下：鵝掌藤、袖珍椰子、馬拉巴栗、黃金葛、蓬萊蕉、粗肋草、吊蘭、巴西鐵樹、觀音棕竹、印度橡膠樹、蕨類、椒草、琴葉榕、網紋草、黛粉葉、葉蘭（蜘蛛抱蛋）、虎尾蘭、觀賞鳳梨、竹柏、蘭花、金線蓮、鴨趾草等。

二、室內植物轉陽法

1. 在植物上面結紅彩帶，紅彩帶的材質可以是紅色的緞帶花、紅色尼龍繩、紅色聖誕飾品或者是假的蝴蝶、假的小鳥，皆可以將植物轉陽。
2. 植物轉陽最重要的目的是為屋內帶來喜氣。
3. 紅彩帶放上去後，四十九天後必須拿掉。
4. 紅彩帶的數目，一棵樹最多結十二個紅彩帶，為

●觀音棕竹。

●結彩帶之大型室內植物。

什麼用十二個數目字，是代表十二個月份均平平安安。結紅彩放置的時間，是每天中午十二點鐘之前。第一次放置的時間，則在任何一天的中午十二點前放置即可，不須特別挑選日子。

三、室內植物催桃花法

男女進入三十歲以後，如果尚未有親密異性朋友，毫無成家立室的跡象，甚至前半生從未體驗過戀愛滋味，難免心有所失，或心急如焚，因為隨著年紀老大，適婚期漸漸遠去，體驗戀愛與結婚的機會也日漸減少，所以他們渴望桃花運的心情也是不難理解的。

任何人的家宅，其實都有桃花位，只要利用適當的方法，便可以在桃花位上催動桃花，叫人行桃花運，獨身者找著情人。

找出桃花位

1. 我們都知道家宅可分為五個部份，在廳堂內，我們面朝大門，則左方是青龍位，右方是白虎位，這兩個位都是桃花位，不過，右方僅適合男士使用，左方僅適合女士使用。

2. 八宅風水學不分左青龍右白虎，而是按照不同命卦的人的四顆凶星和四顆吉星，由於命卦有別，故各人的桃花位也有異。

3. 按照家宅大門所在的方位，可以找出廳家宅的桃花位，凡家宅大門向東北偏東、向南、向西北偏西的，桃花位在東方；大門向西南偏西的、向北、向東南偏南的，桃花位在西方；大門向東南偏南、向西、向東北偏北的，桃花位在南方；大門向西北偏北的、向東、向西南偏南的桃花位在北方。

開運小偏方 各生肖的桃花方位

根據一個人所屬的生肖，也可以找出其獨有的桃花位，此桃花位只適用於家宅內屬同一生肖的成員。

生肖／方位	桃花方
鼠、龍、猴	西
牛、蛇、雞	南
虎、馬、狗	東
兔、羊、豬	北

★柚子添福法

★橘子納吉法

★鳳梨增運法

★蘋果招財法

★南瓜求子法

貳

水果吉祥開運來

柚子添福法

中秋節是中國人的三大節日之一，在這個闔家團圓的日子裡，全家老小吃月餅、柚子，代表闔家歡樂之喜氣。台灣產的柚子以台南麻豆地區為上等，每每到了國曆八月底之後，一顆顆翠綠又帶者特殊果香的柚子開始上市，柚子渾圓胖胖的造型相當討喜，許多人喜歡將柚子放在供堂上祭祖，表示尊敬之意。

古人的幸福就是有一大群孝順、能幹的子孫，民間俗語所謂「多子多福」。對晚輩來說，多子多嗣就是孝順。否則「不孝有三，無後為大」；對長輩來說，子孫繞膝、含飴弄孫

●剖開的紅肉柚子與白肉柚子。

是最大的福分。子孫眾多、世代綿延、香火不絕，這是中國古人的人生第一事業。而柚子除了口感絕佳之外，在傳統結婚習俗中，柚子因為諧音類似「有子」，代表早生貴子的涵義，所以受到老一輩人的注意，每每結婚喜慶之時，不忘以柚子當成餽贈親友或者帶來好彩頭之吉祥物。

◆開運這樣做

一、柚子添福的方法

1. 喜神來：柚子本身有淡淡清香、濃濃的芬多精味道，放在客廳、酒櫃上或是電視機旁，把它分成四個方位放（東、南、西、北），讓家中的芬多精，從四面八方釋放出來，可以使家中客廳的居家環境，有一份安祥的味道。相傳，神明比較喜歡到乾淨帶有清香的地方，家中放了柚子，自然喜神就會到來。

2. 考試順：書房放柚子，當學生們書讀久後，頭腦會昏昏的，一方面室內的空氣不好，另一方面，讀久了，瞌睡蟲也會來找，書桌上若放有柚子，柚子的清香味，往往會讓人讀書讀久了也不會感到疲憊，柚子的「柚」字發音中，有「佑」的意思，代表文昌帝君保佑能考上高分。

3. 保健康：柚子放在臥房，尤其是放在床頭櫃旁，會化解長期失眠的困擾，如果放在床頭邊，越靠走道、越靠窗戶，它散發的香味會越來越濃厚，對女性生理期、情緒不穩、緊張等，可以化解。

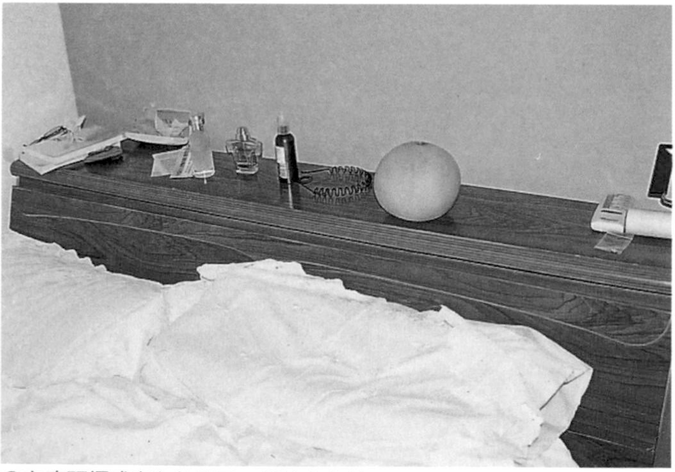
●在床頭櫃或窗台放柚子，對健康有益。

二、柚子招福的注意事項

柚子與文旦是完全不同的東西，它們雖然都是產在台南縣，可是文旦是八月中秋前產的，過完八月中秋才會產柚子，當我們買回柚子時，切記，不可以碰撞，也不可以清洗，把柚子擦乾，直接放在書桌上，可以保持到明年三月份之前，依舊如新，柚子放得越久，它的清香味會更強烈，會讓人聞了更舒服。

開運小偏方 多吃柚子清腸胃

腸胃消化功能不好的人，柚子不要吃太多。由於纖維素超多，柚子清腸整胃的效果比起一般的水果都強，所以如果你的胃腸稍微差一點，吃多了柚子，跑起廁所來可是非常難過的。但是反過來說，胃腸好的人不妨多吃柚子，甚至可以發揮清宿便的功能喔！

橘子納吉法

黃澄澄的外表，圓鼓鼓的外型，還有香甜的氣味，這些特徵再再都是橘子討人喜歡的原因。想像力豐富的中國人，不會忽略橘子在喜慶吉祥上面代表的意義。

年橘、年柑是過年少不了的水果，吃柑橘、拜柑桔，則年年甘、年年吉也。橘子、梨子，大吉大利。兩千多年前，屈原作《橘頌》稱頌橘樹，以喻自己的質樸堅貞。《農政全書》云：「夫橘，南方之珍果，味則可口，皮核愈疾，近升盤

●橘子一盆。

組，遠備方物。」

橘（也寫作「桔」）與「吉」字音相近。民眾諧音取義，以橘喻吉，遂使橘成為吉祥嘉瑞。橘有多種，如紅橘、綠橘、金橘、朱砂橘、四季橘等，民眾分別取用，祝吉祈福。金橘一名金柑，俗稱「金彈子」，為名果，金橘又可製作盆景欣賞，尤其是在新春佳節置一盆於案頭，不僅可供珍賞，而且象徵吉祥如意，預兆一年順遂。又民間俗信認為：金橘兆發財；四季橘祝四季平安；朱砂紅橘掛在床前，祈「吉星拱照」。

◆開運這樣做

在我國的廣東地區流行著新春佳節互贈橘子的風俗，這個風俗是與中華民族的文化緊密相連的。在民間，人們習慣上把橘字寫成桔字，而桔字和吉字又很相近，新春時節民間用橘子相互饋贈以求吉利，希望在新的一年裏大吉大利，小小的橘子也就成了人們的護身符。

通常，女人到親戚朋友家裏拜年的時候都要準備一些紅橘，用籃子提上做為新春的禮物，而所得的回贈禮物也都是這些東西。

在廣東的海豐，小輩給長輩拜年時要以叩頭作揖賀年，而長輩就用紅紙包著錢或拿柑橘賞給小輩。與中國各地的風俗一樣，小輩向長輩拜年是向長輩致敬，長輩自然要犒賞小輩。至於用什麼食物贈給小輩，自然是要選擇孩子愛吃並且有吉利意義的物品，於是，橘子便被選為這種有特殊意義的食品了。

在潮州，人們把柑橘叫大桔，它的諧音又是「大吉」，因而，到親戚家賀年都要帶柑橘，主人就拿自家的大桔和賀客帶來的互換，以便互盡好意，各得吉祥。假如新春佳節期間甲家的孩子打了或罵了乙家的孩子，甲家必須送一對大桔去賠禮，而甲家的爸媽也不責備自己的兒童；乙家的人接受了大桔，也就原諒了甲家的孩子。

這說明乙家遭受了不吉祥的打架，甲家賠禮以吉祥獻給乙家，就可以使乙家和甲家的孩子今年沒有不吉利的事情發生了。

開運小偏方 過年壓歲用柑橘

有的人把橘子、荔枝置於枕邊，叫做「壓歲果子」。橘子、荔枝諧音「吉利」，以求來年大吉大利。各地還有不少以物象徵吉利的種種習俗。在這些異想天開的趣俗之中，埋藏著歷代多少勞苦百姓獻媚命運之神的良苦用心。

鳳梨增運法

鳳梨是一種經濟價值非常高的農作物，它的果肉豐富，不僅榨成果汁可以養顏美容，台灣民間也有把鳳梨與豆豉醃在一起，做為料理食材的絕佳調味料。除此之外，最為人熟知的便是鳳梨在喜慶典禮上的運用。

鳳梨為鳳梨科多年草本植物，葉薄而闊，而緣有刺，果生於葉叢中，果皮似波羅蜜而色黃，味甘而微酸，先端具綠葉一簇，形似鳳尾，故名。鳳梨、波羅蜜、露兜果。南美洲，至今巴西尚有野生種，以此為基地移傳西印度群島、中南美洲，而至世界各地。台灣於清康熙末年開始栽培。

因為鳳梨的台語發音類似「旺來」，很自然地，一般人直接聯想到「好運旺旺來」的涵義，因此不論祭天拜神，或者各式各樣歡天喜地的場合，都可以看到鳳梨的身影。奇門遁甲對於鳳梨的應用有一番不一樣的看法，更能夠增加你的好運喔！

◆開運這樣做

一、鳳梨增運注意事項

1. 當搬了一個新的房子，在門口或是進門的鞋櫃上面，放上一顆鳳梨，代表好運旺旺來。

2. 鳳梨本身，有吸走屋內髒空氣的作用，剛剛油漆過的房子，或是木板裝修的房子會有一股濃濃嗆鼻的味道，如果把鳳梨皮放置在地板上，一夜後，它會吸走屋內的嗆鼻味，（鳳梨皮底下用塑膠袋、紙袋墊著，比較不會招來螞蟻），就是因為它有這個優點，所以新屋進去時，必須安放鳳梨，搬進舊屋也可安放鳳梨，它會把前面的髒空氣吸走，帶來好運。

3. 鳳梨放置的位置，盡可能是進門口的地方或是屋子的中心點。鳳梨比較容易腐爛、生果蠅，放在屋內如果不吃的話，每隔七天就要換一顆新的鳳梨。

二、使用鳳梨的禁忌

1. 醫院拜拜時千萬不能用鳳梨，代表醫院裡面會有很多麻煩的事情，比如病患非常的多，會發生醫療的糾紛；台北縣有一個外科醫生很喜歡吃鳳梨酥，有次值班時有個病患送給他一盒鳳梨酥，結果值班那天有很多病患進進出出，搞得人仰馬翻，所以在醫學界，拜拜忌用鳳梨與鳳梨酥。

2. 喪事也忌用鳳梨拜拜，家中已經辦喪事了，全家人都已經處在一片哀嚎的氣氛上，如果此時你送一顆鳳梨到別人家中，小心會挨揍，也代表家中在不短的未來也會辦喪事。

開運小偏方

拜「蕉、旺、梨」，好運旺來

鳳梨在台語的發音「旺來」，在開運的字眼當中很喜歡用「旺來」，當我們拜拜的時候，供上一顆鳳梨，代表好運旺旺來，常常在拜拜時看到鳳梨、香蕉、水梨放在一起的供品，台語發音是「蕉」、「旺」、「梨」（招好運來）。

蘋果招財法

夏天到了，又是愛美人士的減肥季節，俗話說：「一天一蘋果，醫生遠離我」。常吃蘋果，也可以保持臉色紅潤，繼蕃茄之後，蘋果將成為另一股流行狂潮。事實上，蘋果對於風水、改運、招財也有莫大的幫助。

蘋果的原產地在高加索南部及伊朗濱海一帶地方，甚至在海拔一千多公尺高的山谷之間也有生長，可見蘋果是較為耐寒的北方之果。蘋果以其色、味、形、質俱佳而獲得水果之冠的名譽。蘋果性甘涼，具有潤肺和補中益氣之功效，是重要的食療佳品。

此外，蘋果還含有一種寶貴的果膠成分，果膠是一種可溶性的纖維質，能促進腸胃蠕動，調理腸胃，並和膽固醇結合，幫助人體將膽固醇排出體外，達到降膽固醇的目的。而蘋果中的果膠遇到水會膨脹，吃蘋果加上喝水，讓人很有飽足感，加上營養豐富，因此，蘋果也被很多愛美族奉為理想的減肥代餐。

現代人生活忙碌，吃飯常有一餐沒一餐的，造成膽囊缺乏進食的刺激而較少排出膽汁，膽汁在不斷濃縮之下，很容易形成膽結石，而蘋果裡的果膠也會和膽囊中的膽固醇結合排出，可以稀釋膽汁，有預防膽結石的效果。

有人在每晚臨睡前都會吃一個蘋果，治好了失眠症。原因是蘋果中的芳香氣味，神經中樞有較強的鎮靜作用。

●蘋果花茶也具有蘋果香氣，可在睡前喝。

◆開運這樣做

一、蘋果考試順利法

有小朋友要升學考試的家庭，要如何增加考生記憶力又保持旺盛精神，是天下父母最操心的事情。其實只要在臥房、書桌前面，放上七粒鮮紅欲滴的大蘋果，短期內將可收奇效。

二、蘋果招財術

門口附近有「明財位」，蘋果如果放在這裡，短期內可以獲得意外財。但是如果你想放長線釣大魚，不妨將蘋果的擺放位置改為屋內深處，或者進門的對角線。如此一來雖然沒有短利，但是一旦賺錢，可是會讓你快樂的不得了。

三、蘋果護身符

蘋果的妙處也可以利用在車子內。氣味芬芳的蘋果具有提神醒腦的功用，一次將七顆紅通通的大蘋果放在車內，將會吸走一切不順。想不到蘋果也可以當你的護身符吧！

開運小偏方

蘋果開運注意事項

1. 蘋果的品種不限，但越香越好。
2. 蘋果雖然很耐放，大約七天更換一次即可，但是注意不要爬螞蟻喔！
3. 保持蘋果的乾燥，不要泡在水裡而爛掉。

南瓜求子法

「瓜瓞綿綿」形容子孫多多；「瓜熟蒂落」、「種瓜得瓜」這些成語，人們往往都與生育聯繫起來。因此，我國許多地方都流傳著送瓜祈子和吃瓜祈子的習俗。《中華全國風俗志》載：貴州有「偷瓜送子」的習俗。晚上偷瓜時故意讓主人知道討來怒罵，罵得越厲害就越吉利。將瓜偷來後，穿上衣服，繪上眉目，裝成小孩兒模樣，敲鑼打鼓送到無子的人家，將瓜放在床上睡一夜，第二天清晨將瓜吃下，表示可以受孕。

湖南衡陽一帶則是竊瓜後，不要讓主人知道，在瓜上畫上人形，用衣服裹著，請一好命人送到無子人家，請一老者口念：「種瓜得瓜，種豆得豆」。受瓜者設宴款待，無子婦剖瓜而食，認為這樣最靈驗。

安徽蕪湖人在農曆三月初三，結婚三年尚缺乏子嗣的人家，都會備一南瓜，將瓜整個放入鍋中煮爛，於午時取出，放在桌上，夫妻並肩而坐同時舉筷，他們認定吃了南（男）瓜（娃）必生男娃。實際這是一種「諧音」求吉的風俗。

「南瓜」與男娃音近，因而江南一帶如新婚一年無孕，親友就多摘南瓜贈送，祝願早得貴子。過去安徽有的地區，婚儀上就有送南瓜的內容，由一群兒童夜晚捧著大南瓜，上面插有泥人，他們手持燈火，敲鑼打鼓，將瓜送往新房，稱為「送子」。

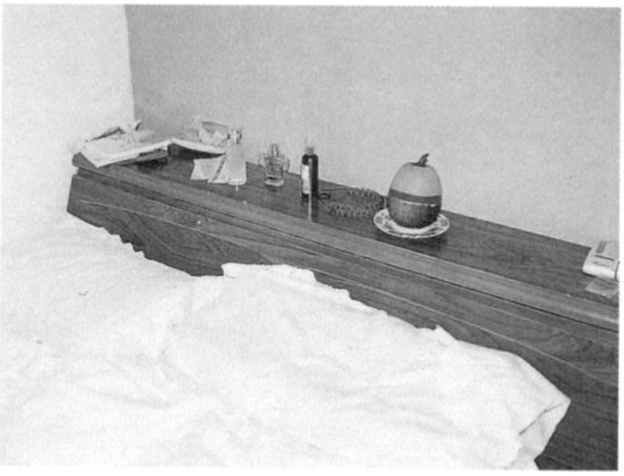

●用紅紙繞南瓜一圈，放在小盤子上，置於案頭，可以增加喜獲麟兒的機會。

◆開運這樣做

不孝有三，無後為大，這句話點出傳統觀念中，對於傳宗接代的迫切期待。民間習俗中，對於如何完成生兒育女的目標，有相當多的方法，包括供奉送子觀音、請小孩子睡在新婚夫妻的床上等等。但是接下來我要介紹一款相當簡單，而且又有效果的方法，希望帶給喜歡小寶貝的讀者，有機會喜獲麟兒。

民間習俗，有一個家庭，有一對新婚的夫妻，結婚多年膝下無子，這個時候，在每一年的八月十五日當天，由女方的娘家贈送一顆南瓜到夫家，直接放在臥室裡面，二十八天後才能把南瓜拿去烹煮，夫妻兩人一起共食。

南瓜的「南」音「男」，代表可以傳宗接代，當然送南瓜的人要特別注意，她必須年滿五十歲以上，有兒有女有老公，代表福壽雙全，才可以送南瓜，假設這位婦人死了老公，或是只有一個兒子，代表福壽不全，那就沒辦法送南瓜。

南瓜回到家中，必須要用紅紙（寬一公分）繞著南瓜一圈，底座放個小盤子，二十八天之內如果南瓜沒壞，代表有機會生孩子，如果南瓜爛掉了，代表與子女無緣。

開運小偏方 南瓜挑選要訣

1. 若想要求子，選南瓜時，一定要選黃帶紅的南瓜。南瓜的顏色黃帶紅，代表喜色，單獨是黃色的，則代表富貴。
2. 南瓜應選子多的，代表子孫滿堂。
3. 如果家中窗台放了一個小小的南瓜，只要它不壞掉，也是一種招財的方法。

★除夕造命八法
★元旦出行尋好運
★正月初八造命
★放天燈祈願
★元宵節求財運、求婚緣
★二月二日拜土地公引錢龍

參

民俗節日求鴻運

★二月三日拜文昌君求考運

★端午節去霉運

★冬至接陽氣

除夕造命八法

新年新希望，猴年新展望，渡過喜氣洋洋的羊年之後，接下來的猴年必定充滿精神。尤其代表活力充沛的猴年，一定會激起許多人努力工作、奮發向上的決心。有心利用新年度展開新人生的朋友們，一定要把握住這個新舊交替的大好時機，擺脫掉過去不好的衰氣，並且補充能量，為來年的啟程備妥能量。

特別是在農曆年期間，在奇門遁甲的運用上，更是一個求考運、財運、事業運的絕佳時刻。但坊間對於農曆年期間改命造運的方法，眾說紛紜。讀者們不如照者以下介紹的八種方法，按圖索驥，依照你的需要，操作不同的改命法

一、鎮宅石改運

此俗來自《荊楚歲時記》上說：「十二月暮日（除夕），掘宅四角，各埋一大石為鎮宅。」中國民間相信石頭可以鎮宅的起源，可推至《楚辭・九歌》的「白玉兮

為鎮」；不但在起宅、架屋（蓋房子），甚至在修築城池、宮室，亦多用大石為鎮物，可以辟煞、破邪、逐鬼魅。現今北京古代皇宮內還可看到「七星鎮宮」石。

不過目前的住宅並不可能讓我們掘四角，埋大石。因此可用以下方法代替：

1. 準備五十元的銅板（內部銀白色、外部黃色）六十個，須先在過年前半個月準備天上之雨水，或至土地公處求得的土地公水，或是家中之糯米水，於前一天浸泡三小時後，用乾淨的布擦拭。

2. 除夕中午十二點後將五十元銅板，依順時鐘之方向放置在客廳四個角

●城池、宮室建築以大石為鎮物。

落，每個角落放十二個銅板。

3.放置銅板時每放一個要唸一次「福祿壽喜財源滾滾而來」，記得梅花面向上。客廳共四個角落及書桌左手邊，每堆十二個共六十個銅板。

二、壓歲錢改命

壓歲錢又稱押歲錢、壓勝錢、壓崇錢、壓腰錢等。中國自漢、魏、六朝起，就深信錢能「壓崇」。以《宣和博古圖錄》上說：「錢形長而方，上面龍馬並著，俗謂佩此能驅邪鎮魅。」因此，當除夕吃完年夜飯後，尊長就會分贈晚輩錢幣，並以紅線將之穿編成串，掛在小孩胸前，以驅邪！

如何應用「壓歲錢」以達「DIY開運」目的，依習俗並研究有用的簡易方法建議如下：

1.年歲錢，一定要新、一定要紅。

2.壓歲錢，一定要給雙數，一定要給吉祥數例如六百六拾六元的「六六大順」，一百六十八元的「一路發」等，以求事事如意。

3. 小孩的壓歲錢，一定要放在身上或枕在頭下過除夕。記住！裡面的錢要原封不動放著，不可以僅放紅包袋而已。

4. 將五十元新的硬幣二十四個（代表一年二十四節氣），疊起來放在神桌上，最上面再放一顆紅棗，以取今年早早發財之意。此法又稱「壓桌錢」。

5.「春」閩南語是「剩餘」的意思，可貼在米缸或保險箱；而「福」字可貼在門外。但請切記，不論是「春」、「滿」或「福」等，都不可倒著貼，以免福氣和財氣都跑掉！

6. 春聯是一種隱性的財神，貼得對，即可以招財進寶，因此，在年節期間，貼春聯、壓歲等都非常重要，為了求來年的好運到，除夕夜裡，所有的重要器物，都要「壓歲」，連屋宅也是要壓錢的。

●將二十四個五十元硬幣疊在一起，上面放一顆紅棗，這樣「壓桌錢」就能為你招來財運。

三、續氣搶氣過好年

1. 粉刷續氣：農曆十二月二十三日晚上十一時至二十四日凌晨一時，民間把眾神送到天上。所以二十四日開始就可以「大掃除」，其實家中之傢俱器物，平時就應加以打掃，但「神明廳」之神桌、匾額、神像等，平時不可以大掃除，而送神後，就可以大清掃也。除了清掃外，壁面也要修補及粉刷。並可貼上新春聯、春、福等紅紙。

2. 光明利祿：民俗上要大家於大年夜守歲，整晚燈火通明，則父母可以長壽也。其實大年歲末前三天及正月初一、初二、初三等六天之夜晚，如果能燈火通明，則來年光明利祿也。眾神二十四日到天庭，但玉皇大帝卻率天神於二十五日下降到人間，察訪人間之善惡，所以如果家中光明，則玉皇大帝及天神均可親近吾家，而帶來吉氣、貴氣也。此法需在事前準備黃燈盞，並於過年前三天，在客廳本命的生氣方點燈，要六天六夜，燈光要黃色的，二十四小時不能滅。點燈吉方如下：

方位＼性別	女（民國年次）	男（民國年次）
西方	8、17、26、35、44、53、62、71、80	2、11、20、29、38、47、56、65、74、83
西北方	9、18、27、36、45、54、63、72、81	1、10、19、28、37、46、55、64、73、82
西南方	1、7、10、16、19、25、28、34、37、43、46、52、55、61、64、70、73、79、82	9、18、27、36、45、54、63、72、81
東方	2、11、20、29、38、47、56、65、74、83	8、17、26、35、44、53、62、71、80
東南方	3、12、21、30、39、48、57、66、75、84	7、16、25、34、43、52、61、70、79
東北方	4、13、22、31、40、49、58、67、76、85	3、6、12、15、21、24、30、33、39、42、48、51、57、60、66、69、75、78、84
南方	5、14、23、32、41、50、59、68、77	5、14、23、32、41、50、59、68、77
北方	6、15、24、33、42、51、60、69、78	4、13、22、31、40、49、58、67、76、85

四、封門、開門

一般人講究元旦「焚香開門」的重要性，卻往往疏忽了想開「財門」，必先需要做一道「封門大吉」的儀式。住家的封門，一律在除夕貼完春聯後，夜子時（晚上十二點）以前進行。

事先必須準備紅色長條的紙、香案（香案內容：三樣水果、發糕、桂圓十二個（有殼）、蠟燭一對、三杯茶水、四色金）。封門後到元旦焚香開門前，家人不能外出，有其他人叫門也不可以開。

並於大年初一在早上五～七點鐘（卯時）時備香案面朝外，拜拜後再開門，開門時要唸「開財門、開財門財源滾滾而來」。等香燒至一半過後再將四色金、桂圓殼一起燒。

五、跨火爐

在民間習俗中，如果是從監獄放出來的人，都須要有「跨火盆」的儀式來洗掉霉運，這種習俗是源起於中國古老傳統，吃過年夜飯以後，有「跳火盆」習俗。這種習俗跳火盆時，將放在盆裡的稻草燃燒起來，於吃完年夜飯（十九～二十一點），於家裡中宮位置（或陽台）起火爐，男起左腳、女起右腳跨過火爐（由外往內跨）。並且，要一邊跳，一邊口中唸唸有詞。有的說：「過火盆，飼豬較大船；過火氣，百般都不畏。」有的說：「跳得過，富不退」有的說：「新年較好舊年。」

六、接財神

到除夕當天晚上十二點整，家家門前放供桌，恭迎財神降臨，通常是上完香以後，家家戶戶才會放鞭炮，其實這不是一個很正確的做法，財神爺是在每一年的除夕當天晚上十二點整下凡間，在一個村莊裡頭，通常只有三家可以恭迎到財神爺，如果你是十一點五十九分放鞭炮，那你就無法迎到財神爺，如果是十二點零一分十五秒放鞭炮，也請不到財神爺，必須是十二點整，不可多一秒、少一秒，所以除夕的當天晚上，十一點五十五分備好香案，全家恭迎財神爺，十二點整放鞭炮，才是最正確的迎接財神爺的方法。

事先必須準備五種水果、旺旺仙貝、桂圓十二顆、發粿三個及五路財神金做供品。此外，發粿拜完後不可以吃，必須放在供桌上，過了初五才能吃。

七、聚財富

除夕的當天，如果有一個金色的飾品，也就是台語所說的「提籃」，上面有鳳梨、元寶、錢幣的擺飾（要在除夕前七天用紅紙包起來），在籃子底部放上一百六十八個一元硬幣及招財符一張，由男主人抱進家中，放在明財位或暗財位，代表金銀財寶滾進來。

1. 招財符需至土地公廟祈求土地公給予財運並過香火。

2. 於除夕當天中午十二點，由男主人於家門外在聚寶盆內放一百六十八個銅板及招財符，由家門外走向家中，並放置客廳的明財位，等元宵過後再收起來；一百六十八元可放存錢桶內，而招財符可放至存褶、皮夾或金庫裡。

八、求考運

1. 除夕當天，將書桌移至家中的每一年文昌位最好，若無法移至家中文昌位，可將書桌移至臥房或書房的流年文昌位。

2. 在臥房或書房流年文昌位，點一盞燈，至大年初八才關燈。

3. 別忘記，大年初一至文昌君廟中，祈求今年考運佳。

4. 每個家中，它的文昌位如何計算，如果你家中的書桌正好是這些位子，就不需要移動。

座向＼吉方	一白方（半文昌、文升官星）	四綠方（文昌方）
坎宅（坐北朝南）	中宮	西北方
離宅（坐南朝北）	東方	西南方
震宅（坐東朝西）	南方	東南方
巽宅（坐東南朝西北）	西方	東北方
乾宅（坐西北朝東南）	東北方	南方
坤宅（坐西南朝東北）	西北方	中宮
艮宅（坐東北朝西南）	東方	西方
兌宅（坐西朝東）	北方	西南方

元旦出行尋好運

大年初一，新春吉祥，正所謂「一元復始、萬象更新」，想要展開新的人生，便從現在開始。在傳統的習俗中，初一是個重要的日子，因此有「大年初一出行」的習俗。

初一元旦出行、開財門，是專指元旦首日的出行遊方，以及趨吉避凶等事。元旦到所信奉的廟宇上供拜拜，稱為「行春」，據說在這一天到廟裡去祈福，能夠得到神明最大的助力。

元旦燒香開門為一年之中最重要的事，除洗手焚香以拜告萬靈、祭拜祖先香火外，擇對時辰開門，亦有「開財門」的妙用。

◆開運這樣做

一、初一出行尋好運

在元旦這一天，有著出行的習俗，又稱為「出方」或「走喜神方位」。在過去，大家認為正月初一這一天踏出家門方向的吉利與否，將會影響到全年運氣的好壞，俗話說：「好的開始，就是成功的一半」，所以元旦清晨焚香開門以後，若按照農民曆所記載的喜神方向、財神的方向或吉利的方向出行，將會給自己在新的一年裡帶來福氣與財氣。

二、初一出行注意事項

元旦黎明，家家戶戶都起得特別早，在古老的禮俗當中需要沐浴更衣，穿戴整齊，開廳門，依行輩、長幼，次序祭拜祖先，恭迎新年，一般人多選擇早上五點鐘以後開門，開門時需放爆竹三響，取其「高陞三級」的意義，炮竹在屋內引燃之後，向屋外的吉方丟擲，同時說一句「開財門，開財門，財源廣進」，然後再往「吉方出行」（每一年的吉方請見左頁表格），此時開廳門又為「開正」。

農民曆中記載大年初一出行。出行時謂之「遊春」、「走春」、「行春」、「進香」，以祈求新的一年，闔家平安、事業順利、婚姻早現及其他的心願。

三、初一出行的時間、方式與應準備物品

1. 出行時必須先準備紅包袋（內裝二百元紙鈔，放在左胸口前），備好三樣水果、十二顆桂圓做為拜拜供品。
2. 出行時，在門前先默禱祈求的話：「弟子〇〇〇，〇年〇月〇日〇時生，今祈求財運順利，眾神保佑」。
3. 出門時先起左腳，切記！行走途中不可談話、聊天、開口出聲，如須開口必一律說吉祥話，不要隨意回頭，免得「上天發的紅包」到時落空！
4. 出行後的目的地最好到佛寺、廟宇或道觀，燒香虔誠祭拜祈福，到達目的地後停留十五分鐘吸納吉氣，回程時雙手觸及廟中門口左右獅子再去打麻將，今年的財運會特別旺。

5. 如果有同伴出行的時候，最好在結束時互相贈送吉祥物品。

如：(1) 巧克力做的金元寶，代表財源廣進。

(2) 心型的糖果，代表婚姻早現。

(3) 贈送橘子，大吉大利。

(4) 贈送旺旺仙貝，好運旺旺來。

開運小偏方 元旦出行吉日、吉方

93年	1月22日	宜往西北、正北方
94年	2月9日	宜往正南
95年	1月29日	宜往正西
96年	2月18日	宜往西北、正南、正北、東南
97年	2月7日	宜往正北、西南、西北
98年	1月26日	宜往正西、正東、西北
99年	2月14日	宜往西北
100年	2月3日	宜往正西、正東、東北、西南方

正月初八造命

傳說正月初八是天上諸星聚會的日子，所以台灣俗諺謂「初八完全」。依據從前星象學家觀測到的天象，是日、月、金、木、水、火、土星及二十八星宿的運行情形，而認為某個人的命運與天上某星宿運行有關，所以每個人都有代表自己的本命星在天上，而此本命星會一年到頭跟著這個人，即完全由該值年星宿來決定。

本命星到了每年正月初八眾星聚會，因此在這天祭拜自己的本命星宿，能夠邀得眾星垂佑，保佑災除福降，整年平安吉祥。迎順星又稱為「祭本命星」或「接星」，有人在自己家中庭院中燃燈自祭外，寺廟也多半在這天接受民眾布施，設壇祭星，因此燃燈祭本命星君來拔除不祥，是可想而知的重要儀典。

傳說這天是諸星下界的日子，所以有祭星之俗。祭星也叫「迎順星」、「接星」，除了一般人家的焚香禮拜外，寺院道觀也多在這一天設壇祭星、接受布施。當天凌晨放天燈效果為佳。

正月八日，俗傳諸星下界，自古寺院有設壇祈福，燈數以一百零八為盞，也有用四十九盞。清道光十年刻本《大同縣誌》亦記當地此俗：「初八日，俗喚「八仙日」。是日，順禳星辰。」

除祭星之外，有些地區還有祭星連帶祈歲之俗，《懷來縣誌》云：「初八夜，用小瓷燈十二盞祭星（遇閏則加一盞），以祈歲。」

對於工作不順、身體經常生病、遭受小人陷害，或者官司訴訟纏身的朋友，光是為處理這些問題，已經讓自己焦頭爛額，甚至心力交瘁，更遑論擁有好的財運，所以眼前當務之急，便是讓自己所遭逢的這些厄運趕快遠離，否則妄想財源廣進，那是根本不可能的事情。

所以在這個時候，提供大家這個「點燈招財祈福法」，在每一年的正月初八當天深夜子時，照著以下這個招財秘法的步驟操作，便能夠幫助您先除去眼前的障礙，然後才能為自己帶來一些好的財運。當然選擇一個有利自己的良辰吉日，配合此一招財祈福秘法，那所得到的效果將是不言可喻。

以下是這個招財秘法的必要步驟，必須按照我提列的步驟，逐一進行方可見效。

◆開運這樣做

一、初八造命準備工具

1. 點燈的燈具：準備12盞鳳梨燈（小燈泡也可），通常可以在一般的宗教文物店中購得，當然其中也包含有瓷的小燈泡。

2. 紅紙：準備一張長、寬各為七公分、三公分的紅紙，用一般的黑色原子筆或者是毛筆，寫上自己的姓名、出生年、月、日、時以及住址，然後中間寫上祈求「財源廣進」、或「遠離小人」、或「早日脫離霉運」幾個大字。

二、初八造命的地點、時間與方位

最好是在自己家中所供奉的佛堂或者神明廳，準備鮮花、素果聊表敬意，然後誠心禮拜，祈求佛光普照。可依個人需要點燈四十九天或是一百零八天均可。

吉方／性別	女（民國年次）	男（民國年次）
西方	8、17、26、35、44、53、62、71、80	2、11、20、29、38、47、56、65、74、83
西北方	9、18、27、36、45、54、63、72、81	1、10、19、28、37、46、55、64、73、82
西南方	1、7、10、16、19、25、28、34、37、43、46、52、55、61、64、70、73、79、82	9、18、27、36、45、54、63、72、81
東方	2、11、20、29、38、47、56、65、74、83	8、17、26、35、44、53、62、71、80
東南方	3、12、21、30、39、48、57、66、75、84	7、16、25、34、43、52、61、70、79
東北方	4、13、22、31、40、49、58、67、76、85	3、6、12、15、21、24、30、33、39、42、48、51、57、60、66、69、75、78、84
南方	5、14、23、32、41、50、59、68、77	5、14、23、32、41、50、59、68、77
北方	6、15、24、33、42、51、60、69、78	4、13、22、31、40、49、58、67、76、85

開運小偏方 何時點燈最好？

而在這點燈期間，每天晚上固定十一點點到凌晨一點，切記燈不可熄滅，如此再加以誠心祈禱，多做善事，必然有所感應，不需要每天二十四小時點，因為晚上十一點到凌晨一點為正子時，此時陽氣最旺，是玄學即開運家最喜歡用的時間，如果你想造命，一定要用正子時也叫做正陽時。

放天燈祈願

傳說中神明都在天空中，離我們非常的遠，當我們想要祈求什麼事的時候，唯有到寺廟中上香祈求，但是效果未必很好，因此，把自己的願望寫在天燈上，放得越高、放得越遠，上達天庭，願望就會達到，有很多的彩迷，很想中大獎，通常都會找一個空曠的地方放天燈。

天燈又名孔明燈，相傳為三國時代的諸葛亮（孔明）所創。當初為了傳遞軍情，遂利用熱氣上升原理製作燈盞飄浮於空中，造成錯誤的「星象」資訊，用以欺騙司馬懿大軍。後逐漸流傳至民間，成為凡人向上天許願祈福的媒介。在上元節放天燈，「上達天聽」，向天官祈福之意。

◆開運這樣做

天燈飄浮的原理與熱氣球相同，都是利用熱空氣之浮力使球體升空。所以只要將球內之空氣加熱，讓球內一部份空氣因受熱膨脹而從球體溢出，此時內部的空氣密度比外部空氣小，充滿熱空氣的球體就能飛起來了。

1. 天燈的顏色：有白色、紅色、米色三種顏色，有很多人問筆者，哪種顏色最有效，其實白色最有效。
2. 天燈上書寫文字：(1)祈求的願望。(2)姓名。(3)生肖。(4)住址。(5)準備奇異筆一支。（紅色）
3. 天燈上的油芯非常的難點著，必須三人一組，兩個人把天燈撐開，一個人點油芯，等熱空氣整個充滿天燈後，天燈會自動的往天上飛，如果沒有三個人一組，天燈要飛上去的機率非常小。

4.天燈假使飛到一半，被樹木卡住飛不起來，或者飛不到一百公尺就燃燒掉，相對你今年的運氣會非常爛，此時別忘記到廟中補運喔！

開運小偏方 放天燈要看格局？

在中國的魔法書上記載，放天燈必須選擇「天遁」、「風遁」、「神遁」的格局才有效，還記不記得古時候有孔明借東風的故事，其實中國有一本奇門遁甲書，它會記載當天某一個時間，風會從哪裡來，神又會在何方，如果放天燈的時間計算對，此時風吹向吉方就會有好運來。

元宵節求財運、求婚緣

元宵節是我國重要的節氣節日之一，元宵節的得名，因其節俗活動在一年第一個月（元）的第十五日當夜（宵）舉行而來，也是天官的生日。

相傳天官喜樂自古傳說神明喜化為凡人，喜在人群中遊玩，當元宵節愈熱鬧地方，愈有喜氣處，天官愈會出現為人們帶來好運，當天到寺廟摸正陽門的大門釘或摸高掛行人道上天燈，代表男士宜升官、

●松山奉天宮。

●三峽祖師廟。

學生利考試、財運亨通，元宵節可用出行的方法提升個人運氣。

元宵節吃元宵。食品的「元宵」和「節日」同名，顯然是因借音而來；在南方則叫「湯圓」、「水圓」。元宵節吃元宵，取意在於闔家團圓、和睦，表示在新的一年裡幸福康樂的心願；而送親朋元宵，則是藉以表示百事順遂圓滿的祝願。

◆開運這樣做

一、求財運

在台灣三峽的祖師廟，以及松山奉天宮供有三官大帝，每一年在農曆春節的時候，有重大的祭典。可到此求財運，注意事項如下：

1. 很多人認為，祭祀神明必須要殺生，用葷的牲禮來拜，有些人用公雞拜拜，其實最正確的拜法，是用素的三牲來祭祀，目前素的三牲有用豆干製作的，也有用蛋糕製作的，其中有雞、魚、肉三種。
2. 五種水果，拜拜時候備用五種水果是代表對神佛最高的敬意。

3. 拜拜的前三天不可以行房事，拜拜的當天必須焚香沐浴，穿乾淨的衣服，代表對神佛的最高敬意。

4. 家中有產婦或喪事的人，百日之內不可以進廟，如果進廟觸犯神明，相對也會為自己帶來厄運。

二、求姻緣

1. 在佛教中有一種傳說，你可以每天供一朵花或水果（裡面有籽的），在註生娘娘、送子觀音、月下老人的面前，祈求姻緣早現；拜拜的日期最好是月圓日，元宵節是一年的第一個月圓日，此時月圓時候去求婚姻的效果也不錯。

2. 買個銀戒指或金戒指，找十對新人去摸那個戒指，摸完後的戒指要帶在左手，並在戒指上用紅色的線繞幾圈後，讓這個戒指有喜氣，這樣會比較有婚姻緣。

3. 偷蔥：十五夜，未出嫁的姑娘，到鄰舍菜園偷得蔥、蒜、菜，據傳說，只要偷得蔥則聰明伶俐，偷得蒜則能嫁好夫婿。蔥菜台語略同於「尪婿（夫婿）」。即「偷好蔥，嫁好尪；偷好菜，嫁好婿」。

4. 聽香：亦屬婦女之事，行事之先，先向所設神祇前燒點香，跪拜禱祝，祈求婚緣早現，出了寺廟往返家途中，密聽路上行人所說的話，依照其入耳的第一句話，再擲筊以卜好壞，俗語說的「聽香卜佳婿」。切記，婦女前往寺廟參拜，來回不可走同一條路。

開運小偏方 切忌幫人在戒指上繞紅線

不可幫別人拿戒指找十對新人摸，也不可以幫別人在戒指上用紅色的線纏繞，避免自己的姻緣被對方搶走。

二月二日拜土地公引錢龍

在大家的印象中，財神爺似乎就是那一尊留著白鬍子，面目慈祥，穿著體面的仙人。其實在神仙的世界中，土地公掌管的業務也包含財運。土地財神為土地公，土地公為古代牙人，牙人是作生意的人，土地公也是社稷之神，每一塊土地有一位土地公管理，其分界為過橋、過河、過山，土地公就不同，每村、每里，有每村、每里的土地公，因土地公管理土地（大地），所以也管理大地之財，尤其是作生意的人也會拜土地公，以示對大地的敬意，以求買賣順利平安。

每月初二、十六日此二日為祭祀牙神（做牙），一般人皆知十二月十六日為尾牙，但不知頭牙為何日，頭牙為二月初二日（正月無牙）因二月二日為土地公生，當日要隆重祭祀祈求，來求財，必可整年財運亨通。

◆開運這樣做

一、引錢龍步驟與注意事項

民俗節日中，一般人只知農曆二月初二為土地公生日，要祭祀土地公和土地婆，民間有句俗話，俗話說：「頭牙早，尾牙晚」，頭牙祭祀的時間會選在二月初二的早上，當天又名「龍抬頭」可祈福、求貴。

●引錢龍。

1.在清晨五更時，將家中的灶灰（如果沒有灶灰，則可用石灰或米糠）在戶外水井周圍撒一圈（若沒有水井，則在有水之處或門外即可），然後像龍一般將灰彎彎曲曲蜿蜒地撒入屋內、灶腳（瓦斯爐下），最後在水缸（水龍頭）處旋繞一圈而止，相傳如此可以賺大錢招財福。

2.另一密傳的「引龍錢」法，則是將圓形容器（爐鼎、杯碗、圓形盤子內有魚的圖案）中預先放置五十枚硬幣（新的）十二個，到住家附近的土地公廟、金融機構汲取水，在取水的途中儘量不要讓水溢出來，回到家剩餘多少，就是你所得之財多寡，在進行過程中，就算打翻了，也不能再回去取水，從廟中裝水回來的途中，需要滴一些水在路上，代表引錢龍的水（龍需要靠水行走才能到你家，所以沿途當中沒有滴水，就引不到錢龍到你家）。將其放置在「財位方」或金櫃、錢櫃上；則往往有招財之妙效。

3.引錢龍到財位方，待水乾之後，隨便找個日子，再把容器洗淨，用紅色紙包起收藏，明年再用。如果忘記了，可以等到端午節當天中午來收藏。至於十二個五十元硬幣，可以存到存錢桶內，代表可以守財。

4.引錢龍的水放在水盤當中，代表老天給你的財富，如果乾的快則財運流失的速度快，乾的慢則你求的財可以留的住。

5.不管男女在二月二日土地公生日當天，都不可以掃地，以免掃掉財富；且不可以動針線，以避免傷了龍目。

6.盤內放的十二個銅幣不可以動用，只要少一個或多一個，皆無效。

二、如何求取招財符？

翻開農民曆，我們可以見到太歲符；在農曆三月廿三日媽祖生，當媽祖出巡時（七天六夜），數以萬計的善男信女，爭相禱求平安符，至於符是何時產生，無以查尋，只知道「符」、「咒」皆出自於道教。

「招財符」又稱為「福德符」，在子年八字記載今年生肖屬龍者，特別得土地公疼愛，財運特別旺，但是須常自土地公廟求財。

1.每年農曆二月二日及八月十五日（中秋節）是土地公生日或者每月初二、十六日此二日為祭祀牙神（做牙）之日當天須帶三果、麥芽糖、甜甜圈、花生、土地公金一份和到土地公廟禱求財運，之後將招財符放入存摺、金庫、珠寶箱內，必可整年財運亨通。

2.「招財符」貼在金庫中，禱求公司財運順利。

3.「招財符」配帶身上（宜放置左胸口袋中忌放在肚臍下）。

4.「招財符」放在存摺內，增加財庫。

在每年農曆十二月廿三日擇一吉時，到土地廟做送神儀式，並把此符燒掉。

開運小偏方 招財符注意事項

1.男生不可將招財符放在屁股後面的口袋裡，代表對神佛不敬。

2.招財符在廟裡頭拜拜時，常常會被「順手牽羊」，因此，拜拜時最好隨手能帶著招財符，走完廟裡一圈。

3但是每個人只能求一張招財符，多了反而無效。

二月三日拜文昌君求考運

俗話說的好，人生三大樂事中，第一即為金榜題名時，由這句話當中就可以非常清楚的了解到「金榜題名」在人生當中所扮演的份量。不過咱們中國人本來就相當重視讀書人的地位，特別是科舉考試以來，每個人都以進京趕考得狀元為畢生目標，而社會上對於讀書人的定位，也可以從「萬般皆下品，唯有讀書高」這句話當中看出端倪。

根據統計，台灣目前光是大學院校就超過一三〇間，國民的教育水準早就傲視世界，對台灣的家長而言，子女讀好書，就等於加官晉爵的終南捷徑，因此不論補習的壓力多麼沉重，花費多麼的高昂，眾家父母為了讓子女有機會晉級上等人世界，可以說使盡了各種辦法。因此每當重要考試來臨的時候，考生們紛紛祭拜文昌帝君。

傳言川蜀有個舉人，一次到了劍門張亞子廟，夜半夢見神明托夢，來年中狀元，後來此人因其靈驗，而祀之為文昌君，記載中台灣有五文昌神，包括有：仙公（呂洞賓）、關公、朱熹（朱衣人）、文昌帝君（梓潼帝君）、魁星爺等，相傳是文昌君聖誕，學生、文人利用此日到文昌廟祭祀，祈求考運、官運如意。

而一般人祭祀文昌君時，除了花、果獻品外，也會帶象徵吉祥的蔥（聰）、芹菜（勤）、蒜（算）、桂花（貴）以討個好采頭。或買筆（原子筆、鉛筆鋼筆、毛筆）去拜拜。攜帶拜過的筆去應試，則「必（筆）」中！

●參拜文昌帝君以求考運。

◆開運這樣做

一、如何祭拜文昌帝君？

1. 一般人祭祀文昌君時，除了鮮花、素果獻品外，也會帶蔥（聰）、芹菜（勤）、蒜（算）、桂花（貴）以討個好采頭。
2. 買2B鉛筆去祭拜文昌帝君，攜帶拜過的筆去應試，則「必（筆）」中！
3. 有許多家長覺得孩子讀書運非常不好，希望文昌帝君能夠保佑孩子求學途中順利，也會到廟中祈求文昌帝君，收他的兒子為義孫子。第一次到廟中必須準備三種水果、二束鮮花、一瓶空的寶特瓶及一湯匙的生米，到廟中跪在文昌帝君的面前，祈求文昌帝君收義孫子，在神明面前擲筊，以一筊為主（如果是聖筊，代表你與文昌帝君有緣）。拜拜完後，如果廟中有生米，必須從廟中取回，如果廟中無生米，必須自己自行攜帶，並且用空的寶特瓶，在廟中裝滿水，帶回家中烹飪。這種儀式總共要到廟中進行三次，最好每次到廟中的日期為初一、十五日。拜完後，在廟中取個香包，必須過香火，整個儀式才算完成，香包歷史越久，代表你接受神佛的庇佑越靈驗，別忘了每次到廟中，必須拿香包過文昌帝君爐，左三圈、右三圈。

二、找出文昌位與官星位

利用讀書進修而取得升職資格，是最常見的方法。有兩個位置最適考試前溫習，不單容易取得好成績，更可增加擊敗競爭對手而獲得升職的機會，兩個位置分別是文昌位和官星位。每個家宅的文昌位及官星位都不一定相同，視乎樓下大門方位而定：

1. 大門朝北方，文昌位在南方，官星位在西北方。
2. 大門朝南方，文昌位在東北方，官星位在房子的中央。
3. 大門朝東方，文昌位在西南方，官星位在東北方。
4. 大門朝西方，文昌位在西北方，官星位在東方。
5. 大門朝東北，文昌位在西方，官星位在東南方。
6. 大門朝西南，文昌位在北方，官星位在西方。
7. 大門朝東南，文昌位在東方，官星位在南方。
8. 大門朝西北，文昌位在房子中央，官星位在西南方。

三、書桌該擺在什麼位子？

書桌是孩子日常做功課與溫習的地方，一般家長對書桌擺放要求大致只有幾項：

1. 子女坐得舒適，最好後面不要懸空。
2. 空氣流通、光線充足。
3. 電腦桌絕對不要放在書房，目前時下有很多學子，在房間裡面打電腦，父母親都不知道，往往學業退步非常的多。
4. 書桌盡可能不要在樑下，在樑下讀書，越讀越笨。
5. 書桌上盡可能減少電子用品，電子用品會干擾人的腦波，如果有電子用品，也必須把插頭拔掉。

四、如何增加考運？

1. 書桌上可以放柚子或者小棵的綠色植物。
2. 書房的佈置，以米色或白色為佳。
3. 每天早上在書桌上，點一支水沉香，增加書桌的磁場。

4.一個月必須用漂白水清掃書房一次，通常書桌下有很多毛髮的小孩，比較不愛讀書，書桌下一塵不染的小孩，比較容易讀得下書。

5.每天早上空腹喝杯果汁，或者是生機飲食，對孩子的記憶力可以增加。

6.讀書的時候比較容易疲累的小孩，每天下午三點鐘到五點鐘，吃一顆維他命，對孩子的學習會有很大的幫助。

開運小偏方 適合佈置書房的顏色

甚麼色調不宜用於書房呢?舉凡色調太深的，太暖的，都會破壞書房風水，這些色調包括紅色、紫色、深綠色、黑色、深藍色等。若使用此類顏色，易引致學業退步。

書房最好使用淺色的、冷色的，它不會過份刺激視覺神經，處身其中溫習功課，眼睛會感到舒適自在，讀書的效率較佳。此類顏色之中，最理想的是淺綠色、淺藍色、白色。

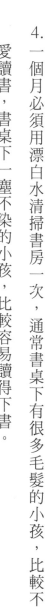

端午節去霉運

農曆五月初五端午節，又稱端陽節、午日節、五月節、艾節、端五、重午、午日、夏節。雖然名稱不同，但各地人民過節的習俗是相同的。端午節是我國二千多年的舊習俗，每到這一天，家家戶戶都懸鍾馗像，掛艾草菖蒲，賽龍舟，吃粽子，飲雄黃酒，遊百病，佩香囊，備牲醴。

端午節為我國三大節日之一，與中秋節、農曆新年一起並列。在節日象徵的意義上，端午節為紀念忠臣屈原的日子，屈原為古代楚國的忠臣，但是不受國君重視而抑鬱投江喪生，這個故事代表儒家一貫追求仁政的道統。

而在節氣來說，端午節正值夏至前後，這段時間瘴癘之氣較旺，對人的身體有不好的影響，而端午節喝雄黃酒、插藺草的習俗，又正好可以化解這股不祥之氣。因此如果可以把握這段時間，去除霉運、避邪招福，將有助於下半年運勢的提昇。

◆開運這樣做

端午佳節，除了吃粽子紀念屈原，也是驅除毒辟之日。由於白蛇傳等民間故事影響，端午節流行以藺、艾、蒲、雄黃、符圖等吉祥物闢邪。到底該怎麼利用這些習俗改運造命？接下來的解說你一定要看！

一、懸鍾馗像

鍾馗捉鬼，端午節習俗。在江淮地區，家家都懸鍾馗像，用以鎮宅驅邪。唐明皇開元，自驪山講武回宮，瘧疾大發，夢見二鬼，小鬼穿大紅無襠褲，偷楊貴妃之香囊和明皇的玉笛，繞殿而跑。大鬼則穿藍袍戴帽，捉住小鬼，挖掉其眼睛，一口吞下。

明皇喝問，大鬼奏曰：臣姓鍾馗，即武舉不第，願替陛下除妖魔，明皇醒後，瘧疾痊癒，於是令畫工吳道子，照夢中所見畫成鍾馗捉鬼之畫像，通令天下于端午時，一律張貼，以驅邪魔。

二、掛艾草菖蒲

在端午節，家家都以菖蒲、艾草、榴花、蒜頭、龍船花，製成人形稱為艾人。

將艾葉懸於堂中，剪虎形或剪綵小虎，貼以艾草，婦人爭相佩戴，以辟邪驅瘴。用菖蒲作劍，插於門楣，有驅魔祛鬼之神效。

三、佩香囊

端午節小孩佩香囊，不但有避邪驅瘟之意，而且有襟頭點綴之風。香囊內有朱砂、雄黃、香藥，外包以絲布，清香四溢，再以五色絲線弦扣成索，做各種不同形狀，結成一串，形形色色，玲瓏奪目。

開運小偏方　端午節與午時水

奇門遁甲之術主張使用「午時水」於端午佳節改運造命。相傳午時水為藥水（家中有久病人，可用午時水烹調藥理治病）。可利用午時水淨灑不淨之處，也可利用午時水畫符，切記午時水是當天五月五日正午之時（十二時）的泉水、井水、雨水、大自然的水。

取用端午節當日正午時分之井水、泉水，淨灑於屋內，並且搭配深呼吸吐納十五分鐘，或在井水、泉水旁洗臉，將可改善手氣，去除霉運。端午節當天製作的香包可增加考運，家長送香包給考生，也有「包中」之吉祥意義。

冬至接陽氣

冬至為全年黑夜最長的一天，傳統習俗中，今天必須要吃湯圓，代表圓滿之意。正因為這是個重要的節氣，所以奇門遁甲當然也要好好利用一番。

所謂「大雪後十五日，斗指子，為冬至，此時陽氣初昇，陰氣日漸沒落，相傳自漢代以來，歷代冬至當天，都會舉行「祭天」、「祭神」、「拜祖」、「賀冬」等等行事。

其中冬至需祭「五祀」，五祀是指1.戶2.窗3.廳4.門5.井之神在門扇上黏糯米粉丸代表餉虛耗。並且冬至那一天，各家都要做湯圓，祭神祭祖叫做「祭冬」。冬至當天全家團圓，吃湯圓叫做「添歲」。

民間常以冬至當天的天氣好壞，做為推測明年大年初一的氣候，俗話說：「冬至在月頭，要冷在年底；冬至在月尾，要冷在正月；冬至在月中，是暖冬；冬至天氣晴，大年初一定下雨」。

◆開運這樣做

一、冬至造命必備物品

1. 三碗湯圓（每碗放九粒白色三粒紅色）。
2. 水果一種或三種（選吉祥發音如蘋果「平安」橘子「旺財」）。
3. 拜玉皇大帝五色金（天金、尺金、頂極金、太極金、甲馬），土地公金。
4. 燒金紙：燒天公金及土地公金。
5. 當天要拜地基主。

二、冬至造命步驟

九十三年冬至上香吉時為晚上二十時三十三分起，此時純陽氣最強時（夏至是純陰氣最強，此時最好少外出）。在這段時間內上香（三支）。口中默念：「信女○○○，○日生，恭請玉皇大帝降臨○○○地址，祈求平安順利」等語。

開運小偏方 冬至拜拜的最佳時刻

冬至當天，家家戶戶拜拜、祭祖，其實每年冬至時間都不一定，應該以農民曆記載今年冬至是幾點幾分為準，冬至當天陽氣起，如果在此時祭拜可接正陽氣，此時家中焚香，門戶大開，讓陽氣進入家中，為最佳時刻。

年·月·日	時間	年·月·日	時間
93年12月21日	晚上20時33分	97年12月22日	晚上19時51分
94年12月22日	凌晨2時22分	98年12月22日	凌晨1時40分
95年12月22日	早上8時13分	99年12月22日	早上7時28分
96年12月22日	下午14時2分	100年12月22日	下午13時18分

★八卦幫你防小偷
★吉祥物進祿法
★聚寶盆集財法
★魚、水招財法
★色彩造命法
★廁所開運法

肆 擺對財位 添財運

★葫蘆化煞法

★七寶石催財法

★石頭鎮宅法

八卦幫你防小偷

中國古老的陽宅上面沒有特別防盜的處理，而家中卻平平安安，村裡反而沒有小偷，最主要的原因是，中國人慣用先天的八卦做門把，如果你去參觀「林安泰古厝」（位於民族東路與建國南北路交叉口，目前是三級古蹟，有開放給遊客觀光），裡面有最佳的風水示範，代表清朝時代，富貴人家的居住環境。此外，在台北市大同區有一座大龍峒保安宮，保安宮內供奉保生大帝，寺廟中有一口古井，非常有名，廟中也有很多

林安泰古厝。

扇門，門上的把手幾乎都是先天八卦，相傳先天八卦可以制煞、剋陰邪鬼魅，也可以防盜賊；在屏東客家村也可以見到早期四合院中，門把上刻有先天八卦。

相傳，在伏羲氏治世的遠古時代，有一隻龍馬背著一幅圖自孟河走出來，圖上共分為五組黑白點。一白六黑在近尾部；七白二黑近頭部；三白八黑在左邊；九白四黑在右邊；五白十黑在中央。所以有古訣曰：「天一生水，地六成之；地二生火，天七成之；天三生木，地八成之；地四生金，天九成之；天五生土，地十成之。」

八卦圖共分兩種，一種名為先天八卦，又名伏羲卦，相傳為伏羲氏的創作。

先天八卦的內容是：

1. 乾居南方，數目為一，與坤相對。
2. 坤居北方，數目為八，與乾相對。
3. 震居東北，數目為四，與巽相對。
4. 巽居西南，數目為五，與震相對。

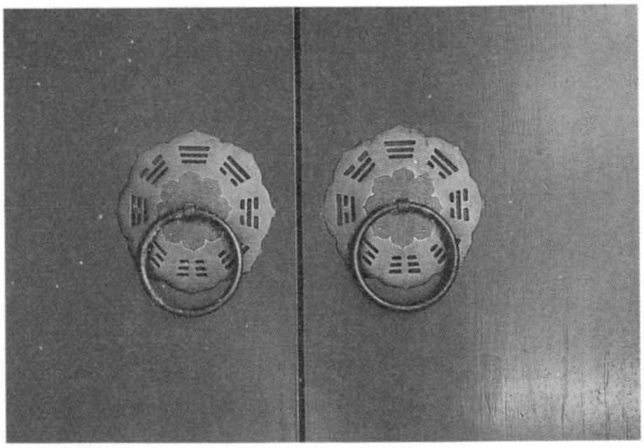
●門把手上的先天八卦。

5. 離居東方，數目為三，與坎相對。

6. 坎居西方，數目為六，與離相對。

7. 艮居西北，數目為七，與兌相對。

8. 兌居東南，數目為二，與艮相對。

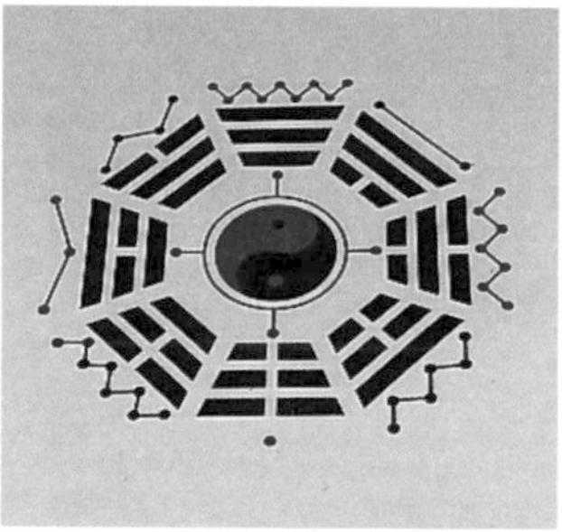

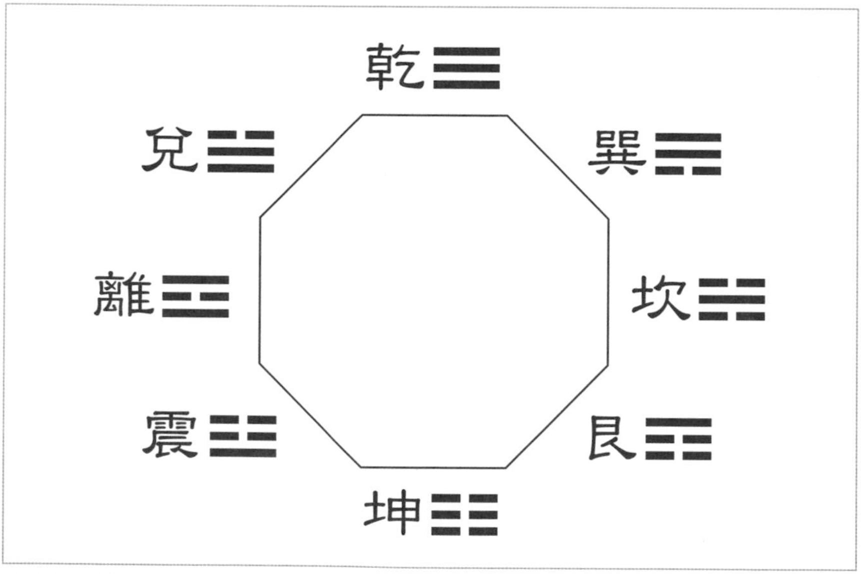

●先天八卦。

吉祥物進祿法

說到富貴吉祥，全世界沒有一個人種像中國人一樣，能夠將許多具有象徵意義的符號，與幸運福氣結合在一起的。讀者們不妨好好想一下，到底有哪些文字、圖畫、形象，可以和「新年快樂」產生聯想？我猜各位的答案應該不外乎春聯、鞭炮、年年有餘、壓歲錢等等的內容吧！

不過正是因為相關的形象符號很多，一般人往往不太容易能夠進一步知道、了解這些吉祥符號背後的意義，以及如何善用這些幸運符號。乃至於以訛傳訛、錯誤百出，原本立意良善的道具，最後反而適得其反，其結果實在可悲。因此我決定整理出各種與富貴吉祥有關的幸運物，其正確使用方法，幫助讀者「撥亂反正」，邁向更美好的明天。

◆開運這樣做

很多人都喜歡在家中的牆壁上掛懸一些畫，以點綴生活空間。這些畫可以是山水畫、人像畫、動物畫、花鳥畫等。它們其實不只是點綴那麼簡單，還能改變四周的氣，從而薰陶人的上進心。

這和掛畫的內容、色調和風水有關。掛畫的顏色最好是鮮艷的，因為鮮艷的顏色能提升朝氣，教人奮發，紅色、粉紅色、黃色、綠色都很好；相反，黑色、灰色、深藍色等，色調太暗太冷，令人提不起幹勁，對事業有不利影響。

掛畫的風水力量，畫的尺寸愈大則力

●石敢當。

量愈強，愈小則愈弱，但是，也不能為了單純追求進取心的提升而懸掛與家居大小全不相稱的巨畫，孔夫子的中庸之道也可應用在風水學上，即大小以符合比例為最吉利。

富貴吉祥畫作。

吉祥物之擺飾。

一、該擺什麼樣的吉祥物？

吉祥花木或圖案，可為家家戶戶帶來生理、心理及命理上之莫大助益，也是造命開運的一大妙法也。吉祥花木所帶來的喜氣，不外乎是「福、祿、壽、喜、財」，就是一般人所知的五福臨門。福者多子多符，有如石榴、南瓜、葫蘆、棗子、蓮子、佛手柑、桂花等之早生貴子。牡丹、玉蘭、海棠之「玉堂富貴」，是代表富貴多財祿。

吉祥花木不僅可實際栽種在盆栽或花園，往往也能用於作畫組合或刺繡雕刻，以代表吉祥。例如：百合、柿子、靈芝合稱「百事如意」；蓮花、桂花是「連生貴子」；壽石及金針代表「宜男益壽」；荔枝、桂圓、核桃都是圓的，代表「連中三元」；柏、柿、大橘，代表「百事大吉」；萬年青、柿子、靈芝代表「萬事如意」；龍眼樹及鐵樹（鳳尾蕉），代表龍鳳呈祥。

除了花木，亦可擺放吉祥動物或物品，例如：

1. 鹿：祿也，擺法則須將鹿頭朝內，乃為進祿。

2. 山水圖：山水圖宜有源頭，大山、小瀑及溪流、湖潭，並且水宜往屋內流。有瀑布而無溪湖貯水者，不佳。山水有朝氣，有光線射入，有母子鹿溪旁飲水者最佳。加鯉魚者亦佳。圖中如有某處開紅花更佳。而在山水圖下，放置一水盤加水，每當水盤水快乾時，又立刻加入水，則進財應驗急快，如能加入七寶石效果更佳。

3. 花瓶：取其瓶為平安的意思，如瓶上插牡丹，叫「富貴平安」；瓶上插靈芝，叫「平安如意」。如能放十元硬幣在瓶內，則有安地靈、聚財的力量。

4. 石敢當：一般皆稱「泰山石敢當」，在《魯班經》中有詳細記載，雕刻石敢當須選擇冬至日後之龍虎日（甲辰、丙辰、戊辰、庚辰、壬辰、甲寅、丙寅、戊寅、庚寅、壬寅日），並在除夕夜用生肉三片祭之，大年初一之寅時，立於門前，莫給外人看見，凡有巷道來沖，用此石敢當擋之。

5. 瓦將軍：凡對面有屋脊沖射或獸頭屋正對本宅，可用瓦將軍制化，而近對者可用獸牌，安瓦將軍時，宜在天晴日；安位時，宜準備三牲、酒、果、金錢、香、燭……祭拜。

6. 姜太公到此：姜太公在封神演義中，具有封神的能力，所以凶神遇之亦懼怕三分，故安「姜太公到此」，興工、破土、起造、修埋等，皆可平安，安「姜太公到此」，須用黃紙朱書才可。

7. 山海鎮：凡有巷、道、門、路來對（沖）或門前有橋、亭、土堆、鎗柱、船埠等可安山海鎮制之，只寫「山海鎮」三字亦可，有畫更佳。

二、富貴吉祥畫的掛畫須知

1. 在牆壁上釘釘子前，需要準備一支乾淨的掃帚（從來沒有使用過），把要釘的牆面清掃乾淨，也可以趕走家中的胎神或是一些沖煞。
2. 釘釘子的時候，敲下去的次數以單數為主，如五下、七下、九下，忌雙數。
3. 如果要掛吉祥畫，掛畫的前三天必須用紅紙包住吉祥畫，正面朝內，背面朝外，也就是說紅色在裡面，外面是白色，如果你怕包錯吉祥畫，可以買雙面都是紅色的紙張包畫。
4. 掛畫當天最好是早上十二點鐘以前掛畫，最好不要在下午時間掛畫，通常早上為陽時，下午為陰時。
5. 畫作掛上去後，在每一年的冬至當天，最好拿出來曬一曬太陽，增加陽氣。
6. 農曆年除夕當天，在花瓶上面貼上「滿」字，或是「福」字，代表從今天起，福氣到我家，平（瓶）平安安。
7. 當吉祥物品不用的時候要收起來，在收起來時，要先把髒的東西清掃乾淨，再用紅色的紙包住，收藏在櫃子裡頭。

三、富貴吉祥畫的掛畫位置

吉祥物如放在門內進門處，為「明財位」，表短時間可賺錢進來，而放在屋內深處或後方，則財位線較長，比較不能獲得短利，但一旦賺入則大錢源源而來，此即為「暗財位」。

當然吉祥物之擺飾，不論「明財」、「暗財」，如能配合宅命及人命四吉方位，更逢一、六、八三白吉方，即為真財位。若真財位無法擺飾，可於流年三白吉方修造擺飾，亦可獲得流年偏財也。

制煞物一般都是擺在門口或對著煞處，如石敢當應立於窗台或門口，石敢當本身要能看到路沖、黃泉煞、動土方才有效。

總之，家中應多擺放吉祥物，少放制煞物，家中自然平安得福，順帶可借氣而將宅氣轉換，即可達到修造命運的目的了。

開運小偏方 更多可入畫的吉祥物

1. 喜鵲：取其名字中的「喜」字。
2. 鷺鷥：因鷺與「利祿」的音相同而常借喻。
3. 孔雀：是取其文采華麗、高貴。
4. 山雞：取其文采。
5. 公雞：除了「公」與「官」近外，也有「英雄鬥氣」的佈局。
6. 鳳：傳說中的神鳥，雄鳥為鳳，雌鳥為凰，代表高貴，為吉祥的化身。倘與「牡丹花」配結在一起，象徵富貴吉祥。
7. 麒麟：為四靈之一，相傳體呈黃色、尾似牛、首為狼、有角一根，足呈馬形。麒麟被視為祥獸。
8. 大象：倘與「花瓶」連用，就叫做「太平有象」。倘與「牡丹花」配結在一起叫做「富貴有象」。
9. 龍：代表著權威神靈，是中國人所崇拜的靈獸，經過數千年無數中國人的念力加持之下，讓「龍」產生不可思議的力量。龍的生肖為「辰」，為水庫，因此自古便有神龍化水的說法，「風從虎，雲從龍」，龍會降雨，民間常祭拜龍王，祈雨求豐收。放在樑柱之間，大概有以水壓制火神以免鬧火災的意思。而金龍也合於五行中「金生水」之象，故可以加強龍的力量磁場。

10. 鰲：相傳鯉魚躍過黃河上游的龍門，變成龍頭魚身的鰲，「鯉躍龍門」、「獨占鰲頭」，都有力爭上游、功成名就的意思。鰲能吞火，放在樑柱之間，可能有避免火災發生的意思。

11. 馬：象徵衝勁、加足馬力，是可以激勵個人奮發向上的吉祥物。

12. 蛋：取其「新誕生」的意義，象徵「重獲新生」吉祥的兆頭。

13. 富貴竹：象徵平安富貴和吉利。

14. 玉：帶有幾分靈氣及聰慧，可驅邪護身，是富貴吉祥的象徵。

15. 石獅：獅子威服百獸，被借以象徵世人的權威、富貴，公雄獅立於門的左邊，母雄獅立於門的右邊。

聚寶盆集財法

賺錢發財是全世界人們共同的希望，如果有機會可以得到一只取之不竭、用之不盡的搖錢樹或者聚寶盆，那麼這一生也就足夠了！當然現實生活中沒有點石成金的神話故事，不過我們確實可以善用一些道具法寶，製造聚寶盆，借由精、氣、神等幻想的力量而達到錢財入庫、越來越多錢的目的，增加自己的財運。

常見的聚寶盆有兩種：

1.「聚寶盆」的圖畫：堆積聚寶的盆上，有「黃金萬兩」、「日進斗金」……等的合體字，四周繪以八寶如意等物，及所欲表達的願望。

2.紫晶洞聚寶盆：開採後一剖為二，呈現出最內層的細小水晶結構，閃閃亮亮的，是

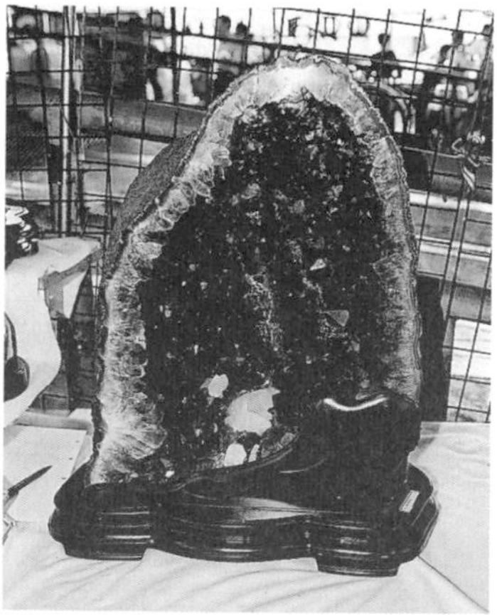

●紫晶洞聚寶盆。

大自然億萬年來的結晶，孕育了日月精華，其中富含的能量，尤其能夠集中附近吉祥的地氣磁場，以求帶來財富。

◆開運這樣做

一、聚寶盆DIY，招財自己來

在市面上我們可以買到許多樣式的聚寶盆。例如有元寶、鳳梨、籃子上有元寶、金幣……等。（但切記裡面一定要是可以另外加放東西的）。

在送神（農曆十二月二十三日、二十四日）後，準備代表吉祥數目（六十六個、八十八個、九十九個、一六八個）的一元、五元、十元、五十元銅板。例如準備的錢是十元銅板，則要準備六十六個十元銅板，也就是六六〇元。

用洗米水洗淨銅板，然後用乾淨的布或衛生紙擦乾淨，再將準備代表吉祥數目的銅板裝入沒有文字或圖案的紅包袋中。

紅包袋外寫上自己的姓名、住址、出生年月日時、祈求新的一年財源廣進、財運亨通等吉祥語，然後放入準備好的聚寶盆中，再用一張大紅紙將整個聚寶盆包住，寄放在屋外（例如朋友家、便利商店、一些賣場的置物櫃中鎖著……）。於大年初一焚香開門後，由屋外將準備好的聚寶盆抱入屋中，放在居家的財位上。

●在大門口設置招財水。

二、聚寶盆的擺放位置

做好了聚寶盆，到底要放在哪裡好呢?答案是「明財位」。明財位即一般大眾所說的入門的左邊或右邊對角線的位置。該位置最好不要是走道通路，而能形成一個角落聚財之象，然後在該位置擺放一些吉祥物，就有增加財源的機會。適當的裝飾擺設，也能增加財運的氣場。

「財位」的找法，依各門各派而有所不同，最常見的是以入門對角線，距離最遠的對角線為「財位」。而且財位要配合上紫白九星的吉方位，這樣才是吉上加吉。

「紫白九星」財位的找法

1. 將自宅均等分成九格

東	東	東南
北北	中央	南
西北	西	西南

2. 測出自宅的座向，並了解哪些地方屬於房子的吉方

座向	吉方
坐北朝南	北方、東方、東南方、南方
坐東北朝西南	東北方、西南方、西方、西北方
坐東朝西	北方、東方、東南方、南方
坐東南朝西北	北方、東方、東南方、南方
坐南朝北	北方、東方、東南方、南方
坐西南朝東北	東北方、西南方、西方、西北方
坐西朝東	東北方、西南方、西方、西北方
坐西北朝東南	東北方、西南方、西方、西北方

開運小偏方　財位的注意事項

1. 財位不可有人走動，所以財位不可以在門或走道的位置。
2. 財位的背面不可空曠，旁邊不可有門、窗（通向屋外），因為財會往外流、不聚財。
3. 財位不可堆放雜物、穢物。必須整理得清潔有序，才能使財運暢通無阻。
4. 財位不可被尖角（牆角、櫃角……）沖射。
5. 財位上方不可受壓、不可有橫樑。
6. 財位宜亮不宜暗。
7. 財位不能放水流動的裝飾品或用品，如魚缸、假山石泉的小盆景……等。
8. 財位忌污穢，如廁所之類。
9. 不能放陰氣很重的石頭。
10. 一般在財位，不宜擺放海浪圖，象徵財運起伏太大；大瀑布圖，象徵財來財去，落差太多；山水圖的水流向宅外，是為順水局不吉。
11. 尖葉植物及有刺的植栽或水晶洞，皆象徵進財坎坷艱辛。

魚、水招財法

「水」是萬物生存下去最重要的天然資源，在奇門遁甲中，水也被賦予相當重要的意義。最為大家所了解的，便是水代表財，但是一般人卻不太知道如何運用水來造命改運。

什麼樣的「水」才是「好水」？

1. 水宜有活水源頭：如板橋林家花園之水池，因無活水源頭，則偌大之水池，終因枯乾而散氣，此風水之大忌也。
2. 水宜緩宜軟。
3. 水宜設於財位：人工水池，宜設於住宅之生氣方、旺方，或財位方。水亦宜設於主人之天醫、生氣、延年、伏位四吉方；紫白飛星之一、六、八，三白吉方。

4. 水宜有陽光：水池有陽光射入，則陰中有陽有朝氣，縱使錦鯉魚池亦應半日照為宜。

5. 水不宜往大門外流：水池之瀑布流水，流往何方均可，唯不宜讓人看出水明顯往門外流。

6. 水池最好有活魚悠游。

7. 臥房不宜在夜晚睡覺的時候聽到水聲。

8. 室內聚財的水瓶水缸中，宜加入寶石，此寶石如瑪瑙、玉、翡翠、水晶等切割剩下之小寶石。此或謂之「七寶供」，或蘇東坡之「怪石供」。

●室內聚財水缸。

●水缸中宜加入寶石，效果更加。

水的種類

1. 水龍頭水：每天天亮後，一大早起床時要做的第一件事，就是到水龍頭處接水，因為此水稱為新水，取其諧音「薪水」。然而儲存此水，代表我們在外辛苦工作所賺得薪水，可以儲存起來（可以入庫）。

2. 庭院造景的水：在庭院造景的水，注重的是方位以及水流方向必須是往屋內流的。這樣的做法可以增強居住在此的人財運亨通、財源滔滔不絕。

3. 救人的水：一般的法師、命理師……等等，遇到有人久病不癒、家宅不安、生死關頭，都會拿經過加持、誦經的咒水來幫助信徒。

4. 向土地公求財水：農曆二月初二日是土地公生日的大日子。這一天的早子時（凌晨的零點至一點）到住家附近的土地公廟或者是香火鼎盛的土地公廟向土地公祝壽，並記得要帶空的保特瓶去取財水（土地公廟中的泉水或水龍頭的水），回來家中財位上灑一灑，以增強居家的財運亨通、財運滾滾而來。

5. 純陽之水：五月五日中午十二時整，所取得乾淨的山泉水、或水源地的水，稱為午時水。而午時水煮沸後喝之，可增加個人陽剛之氣，使陰邪鬼魅不敢侵之。想要懷孕的婦女多喝午時水，聽說還可以增強生男孩的運勢呢！

◆開運這樣做

一般來說，住家或辦公室最好養一些生命力強且容易養的魚種（如鯉魚），以祈求「生生不息」及「世世代代」。

由於中國命理學中顏色可以代表五行：黑主水、青主木、紅主火、黃主土、白主金，所以「五色魚」在魚缸中，就象徵水生木、木生火、火生土、土生金、金又生水（財），如此佈局，自然會獲得循環不已，生生不息的「財源滾滾」、「財源廣進」的好兆頭。

紅色主官，黃色主財，對於財官有興趣的人，可以選單一色，求其氣專力強，亦可以選雙色，以紅官的火生黃財的土，以達「財官雙顯」的目的，不過此法還須配合數字，才能發揮妙用。

一、擺設魚缸的注意事項

一般來說魚缸較常被擺在比較靠近門的「財位」方，象徵「早發」，而須留意的準則是：

1. 魚缸內的水車要往內轉，以運財進宅內。
2. 要放在日光照射充足（但照的時間不須太久，以免魚存活率太差）、空氣流通的地方。
3. 魚缸大小要與空間相配。
4. 魚缸不宜太高，水面的高度以不超過正常成人的心臟為主，也不可以低過於膝蓋。
5. 魚缸若放在客廳或當做隔間，須不妨礙走路。
6. 魚缸勿對灶口（因為水火相剋），容易損傷家人健康。

二、魚缸擺放位置

1. 坎宅（坐北朝南）：應擺放在北方方位、東北方方位及西南方方位。
2. 坤宅（坐西南朝東北）：宜擺放東北方。
3. 震宅（坐東朝西）：宜擺放西北方及東方。
4. 巽宅（坐東南朝西北）：宜擺放在西北方及西方。
5. 乾宅（坐西北朝東南）：宜擺放在東方及西方。
6. 兌宅（坐西朝東）：宜擺放在西南方及東北方。
7. 艮宅（坐東北朝西南）：宜擺放北方及東方。
8. 離宅（坐南朝北）：宜擺放東北方及南方。

開運小偏方

魚的其他典故

魚的種類很多，吉慶語、吉祥圖案中除指一般的魚之外，還專指鯉魚、金魚。鯉魚之「鯉」與「利」諧音，故「漁翁得利」、「家家得利」紋圖中的魚應為鯉魚。其他紋圖如「富貴有餘」、「年年有餘」、「連年有魚」中的魚也多指鯉魚。「鯉魚跳龍門」說的是「魚化龍」的故事，傳說鯉魚跳過了龍門就變成了龍，而鯉魚多能跨越。後世常以此作高升的比喻，或祝頌高升、幸運。

色彩造命法

心理學家認為你喜歡的顏色代表你的心境，當日本人及韓國人有喜事時，喜歡用白色，代表純潔，中國人熱愛紅色，在結婚的喜帖上或是有喜事的時候，幾乎都是以紅色做為代表，同樣是喜色，顏色不同，心境也不同，日本人與韓國人比較理智，中國人比較熱情。顏色關連到形狀、數字、能量、生理、心理等，每個人有每個人偏愛的顏色，這是生理和心理上的主觀感受。

在命理上，若某人「八字」中缺金，則宜補金，補白色，補「四、九」之數目等等，使金木水火土之五行，能不缺任何一種，而圓順地使「五氣流行」。由此可以證明顏色與心境關係緊密，如果運用得宜，色彩可以幫助你不少喔！

◆開運這樣做

如何利用顏色來替我們增添吉運或減退凶運呢？不外乎兩個步驟：

1. 了解自己的生肖在五行中的屬性。
2. 使用五行屬性適合的顏色。

一、五行與色彩的關聯

在中國之正體五行，其顏色是：

五行	顏色
金	白
木	綠
水	黑
火	紅
土	黃

在紫白飛星之九星五行，其顏色是：

九星五行	顏色
一坎水	白
二坤土	黑
三震木	碧
四巽木	綠
五中土	黃
六乾金	白
七兌金	赤
八艮土	白
九離火	紫

二、顏色密碼的意涵

顏色	意含
紅	喜氣洋洋、登科中舉、喜事到來、紅鸞星動、身體健康、活潑可愛、有人緣、溫暖、成熟、辟邪、風水良好。
綠	涼爽、平靜、平和、沈著、消極。
黃	快樂、活潑、皇帝、富有、溫暖。
黑	悲傷、生病、死亡、但也有莊重之感。
白	快樂、純潔、沉寂。

三、流年與色彩

民國九三至一〇〇年的流年與得運色彩如下：

西曆	歲次	天干	地支	納音	年運	得運之色彩
2004 (民國93年)	甲申	甲木 綠	申金 白	井泉水 黑	五 黃	綠、白、黑
2005 (民國94年)	乙酉	乙木 綠	酉金 白	井泉水 黑	四 綠	綠、白、黑

2006（民國95年）	丙戌	丙火 紅	戌土 黃	屋上土 黃	三 碧	紅、黃、碧綠
2007（民國96年）	丁亥	丁火 紅	亥水 黑	屋上土 黃	二 黑	紅、黑、黃
2008（民國97年）	戊子	戊土 黃	子水 黑	霹靂火 紅	一 白	黃、黑、紅
2009（民國98年）	己丑	己土 黃	丑土 黃	霹靂火 紅	九 紫	黃、紅
2010（民國99年）	庚寅	庚金 白	寅木 綠	松柏木 綠	八 白	白、綠
2011（民國100年）	辛卯	辛金 白	卯木 綠	松柏木 綠	七 赤	白、綠

四、生肖與色彩

生肖	所屬五行	增添吉運或減退凶運的顏色
豬、鼠	水	黑色、藍色
虎、兔	木	綠色
蛇、馬	火	紅色
猴、雞	金	金色、白色
牛、龍、羊、狗	土	黃色

開運小偏方　忌諱使用的顏色

一般來說，最忌諱使用的顏色是：黑色、灰色兩種。一個人長期穿黑色的衣服，運氣會開始走下坡；灰色代表你的心事非常的沉重，這段時間在事業上備受打擊，想要衝破現境往往難上加難；喜歡紫色的女性，比較愛幻想；喜歡黃色的人，比較追求時尚，對金錢的追逐非常有興趣，通常成功率也非常的高；喜歡綠色的人，通常比較有愛心，熱愛大自然；喜歡藍色的人，胸襟比較開放，對人生充滿了挑戰的意味。

廁所開運法

人吃五穀雜糧，難免會產生代謝物。在古時候，先人大多都把廁所設立在距離房間很遠的戶外，不過這樣的情形在現代社會卻不適用。尤其是小套房，在狹小的空間中，大多都有設立廁所。

但是在中國的風水學當中，廁所是污穢的地方，是我們排放大、小便及洗淨身體污穢的場所，在觀念中，這些地方都是晦氣聚集之處，對人的健康與運勢有很不好的影響。有鑑於此，廁所設立的位置以及利用廁所的改運方法，就是每個現代人不得忽略的重要事項。

一、如何利用廁所改運？

1. 廁所在五行的屬性上是屬陰的。所以廁所的門在不使用的時候，必須將之關著，因為我們居住的地方稱為陽宅，這樣才不會造成陰陽共處一室、陰陽混雜。
2. 當發現廁所有異味、臭味的時候，宜在廁所內設置抽風機或放芳香劑處理。
3. 廁所的門口最好掛一些聖誕飾品，外表上熱鬧非凡，是一種凶轉吉的方法。
4. 廁所內種植黃金葛或者一些耐熱的盆栽，讓浴室的空氣有調節的作用。
5. 廁所內插一些會香的花，如野薑花、香水百合、鐵炮等香花。

●廁所內適合插野薑花或百合花。

二、廁所的注意事項

1. 廁所內的抽風機，最好一天有八小時運轉，讓廁所內的空氣，與家中隔離。
2. 廁所內的盆栽如果有枯黃，或是潰爛的情形，代表廁所內的氣場非常不好，或者長期使用熱水泡澡的時間過長，影響花草的生長。
3. 廁所內忌諱有蟑螂、螞蟻的存在，假設常看到蟑螂及小蟲，代表水管老舊，水管內會有不斷的惡臭氣味傳出來，此時最好買一個水管通樂，讓水管不會發臭，也不會有一些髒的小蠅蟲滋生。

三、屋內廁所適合的方位

屋內廁所適合方位：以出生年而論。

方位／性別	女（民國年次）	男（民國年次）
東方、南方、東南方、北方	8、17、26、35、44、53、62、71、80	2、11、20、29、38、47、56、65、74、83
東方、南方、東南方、北方	9、18、27、36、45、54、63、72、81	1、10、19、28、37、46、55、64、73、82
東方、南方、東南方、北方	1、7、10、16、19、25、28、34、37、43、46、52、55、61、64、70、73、79、82	9、18、27、36、45、54、63、72、81
西方、西北方、東北方、西南方	2、11、20、29、38、47、56、65、74、83	8、17、26、35、44、53、62、71、80
西方、西北方、東北方、西南方	3、12、21、30、39、48、57、66、75、84	7、16、25、34、43、52、61、70、79
東方、南方、東南方、北方	4、13、22、31、40、49、58、67、76、85	3、6、12、15、21、24、30、33、39、42、48、51、57、60、66、69、75、78、84

西方、西北方、東北方、西南方	5、14、23、32、41、50、59、68、77	5、14、23、32、41、50、59、68、77
西方、西北方、東北方、西南方	6、15、24、33、42、51、60、69、78	4、13、22、31、40、49、58、67、76、85

開運小偏方

廁所位置不宜在屋子中央

小套房一進門，門邊就是廁所，廁所的臭氣長期流入室內，會造成居家的不順利，通常買小套房的人，要發大財都不太容易。

另外一種，屋子的中心點是廁所，在關渡的地方，有許多高級的大樓，景觀非常漂亮，但是居家並不順利，不知道為什麼，當筆者去看風水時，才發現到屋子的中心點是廁所，通常屋子的中心點比如一個人的心臟，一個人的心臟不好，隨時都有生命的危險，相對屋子的心臟受損，則財運、事業運、身體運……等皆不順利。所以如果你家的廁所方位不對，一定要盡快調整喔！

葫蘆化煞法

在風水學上葫蘆是一件十分常見的風水工具，它主要具備化解損害健康煞氣的功能。我有些學生過去一直都十分健康，很少聽到他生病，但自從搬入新居所後，家庭成員便相繼出現健康毛病，每月甚至每星期都有人須光顧醫院，經常與藥物為伍。這可能是居家風水出現了嚴重問題。看過他家的風水之後，建議在煞位放置葫蘆，沒多久他的身體就好多了，可見葫蘆的功效確實不錯！

葫蘆為藤本植物，又稱蒲蘆、壺蘆、匏瓜等。葫蘆之為物，藤蔓綿延，結實累累，籽粒繁多，故被視作象徵、祈求子孫萬代的吉祥物。

在人們的觀念中，葫蘆「累然而生，食之無窮」，其中籽粒眾多，因此被取作綿延後代、子孫眾多的最好象徵。葫蘆蔓蔥蘢茂盛，纏繞綿長，人又取其滋長、長久之意。

◆開運這樣做

古時候葫蘆象徵醫術，所以葫蘆可化解「帶來疾病」的煞氣，功效猶如醫生醫治病人。《雪心賦》中認為葫蘆與醫卜星相有密切的關係。《飛星賦》亦云：「七有葫蘆之異，醫卜興家。」

如在陽宅之文昌位或兌宮見葫蘆山（山的樣子像葫蘆形），大利學習術數及醫學的人，有助成績，如外巒頭沒有葫蘆山頭，在室內掛上一個葫蘆亦有同樣效應，不過要注意一點，就是葫蘆的顏色和質地。

葫蘆的主要作用是趨旺，其次才是化煞。

小家庭可用大葫蘆，但大家宅則不宜用太小的葫蘆。葫蘆的材料，使用葫蘆瓜挖空內部並曬乾而成的葫蘆，其氣最吉，化煞力量最大，否則，亦可使用銅葫蘆之類的代替品，但忌用塑膠葫蘆，其氣不吉。

葫蘆可以懸掛在門背上、在廚房靠近爐灶的位置上，或掛在廚房門上，則不利健康的煞氣便可被吸進葫蘆內，保障家宅各人健康，加速病人痊癒。

現在市面上有三種葫蘆，一是普通葫蘆，二是金色葫蘆，三是紅色葫蘆，究竟它們分別有什麼作用？化些什麼煞呢？現簡述如下：

一、普通木製葫蘆的妙用

普通木製的葫蘆屬木，用途通常有二：

1. 陽宅近污水排出口之處，可在最接近去水口之陽宅納氣口處，掛木葫蘆，以水生木之理用木來洩水氣。
2. 陽宅中二黑病符星屬土，是凶星，七赤金星屬金，若七星失運或破局亦成凶星，會失竊遇劫。每年、每月在二黑病符星掛木葫蘆，可減低病符星煞氣，病痛亦會減少。掛在每年每月七赤凶星飛到之宮位亦可化解七赤破軍賊性之煞氣。

●家宅內插葫蘆祛病。

二、銅葫蘆的妙用

銅葫蘆本性屬金，最好用來化五黃，五黃本性屬土，用金洩土氣最好，而火剋金，金氣亦可損五黃之火氣，化五黃煞氣最好掛上銅葫蘆在五黃飛到之宮位，最適宜放在兌（西）、乾（西北）和坎宮（北）。不宜放在震宮（東）、巽宮（西南）、艮宮（東北）和中央幾個方位，最好用來掛在五黃飛到之宮位，可化解飛星二黑病符星和三碧蚩尤星煞氣，用紅色葫蘆化煞要十分小心。

三、紅色葫蘆的妙用

用紅色葫蘆化煞要十分小心，因紅色屬火，除了顏色之外，葫蘆本身的質地亦有五行之分（天然的葫蘆外殼屬木，銅葫蘆屬金），除非用化學產品或混合物質所造才沒有五行。質地的五行和顏色的五行亦產生相生相剋的關係，而葫蘆質地的五行亦會影響宮位的，有時甚至違背了顏色五行所產生的效應，麻煩甚多。

普通而論，若果質地沒有五行（或者不計算它的五行），單憑紅色的火最好，例如南北座向的屋在中央，坐丑向未的煞在乾宮（西北）、坐艮（東北）、寅（東北偏東），向坤（西南）、申（西南偏西）的五黃煞在巽宮（東南）。

放紅葫蘆在這些宮位上面，火生旺二土而洩三木之氣，可化解五黃煞，若加上質地是金的話，則金洩土而剋木，質地是木的話則木生火，火再生旺二土，恐怕二黑病符星被生而過旺，害人不淺。

開運小偏方 葫蘆的其他用法

我再進一步透露一個葫蘆的用法。以前婦女回娘家，娘家親友都會備一個葫蘆及一包棗子帶回來，棗子須與蓮子煮甜，當晚夫妻一同進食，葫蘆則用紅色線纏住；掛在臥房內，可以增進夫妻感情。

七寶石催財法

相傳盤古開天地之後就產生了石頭，石頭者土精也。若在門口玄關、神桌、書桌或者財位方放置水盤，內裝有七種顏色的各類寶石，以水滋潤寶石的光彩色澤，除了讓人賞心悅目之外，水石散發的蒸氣可讓人心神安定，又可聚寶生財。

什麼樣的寶石才是適合的？建議大家可以選擇瑪瑙、玉石、珊瑚、琉璃、琥珀、水晶以及一般的石頭，準備齊全之後，需將七寶石在鹽水中浸泡三個小時，再用清水洗淨，最後放置在陽台上，接受太陽直接日曬，吸收日月精

●圓形瓷器＋七寶石＋財神水。（上圖）

●將財神像與吉祥物置於財位。（左圖）

華達二十四小時，才有催財的效果。下一步，將石頭放在裝有「天財水」的器皿當中。

何謂「天財水」？簡單的說就是山間泉水、井水、雨水，水源來自大自然，未受污染的水皆為天財水，代表老天爺贈送你的財富，每月農曆初一、初二、十五、十六這些天比較有財氣，不妨買個水盤養養七寶石有意想不到的幸運。

◆開運這樣做

七寶石招財法有天光下臨，地氣上載之天地交泰催財之含意，乃取自日、月、星三光招財法。

1. 準備材料：貝殼半開一個或圓形瓷器、七寶石、琉璃、瑪瑙、琥珀、紫水晶、粉水晶、玉、白水晶、財神水。
2. 準備完畢，放置在財位上，開光加持。
3. 每天早晨起床換水。

開運小偏方

七寶石注意事項

七寶石財位方、書桌上，可放置水盤，水中放入瑪瑙、玉、水晶、雨花石等小寶石，水中寶石光彩潤澤，令人提神醒目；一則水石散發出多量水蒸氣以滋潤皮膚及喉頭氣管；一則水石散發陰離子，令人心神安定；一則用之以聚財也。

石頭鎮宅法

石頭，是凝聚了萬物精華而成的礦石，依據成分不同而有不同的功能，而在此，我要介紹的是以石頭為基礎，刻畫出來吉祥幸運的造型，進一步為自己開運的法寶——石敢當與七星石，希望對提昇各位的運氣有幫助。

石敢當被戰國時代鞏國人大量採用，後來因採自泰山之石，出現了大靈驗之鎮宅平安法力，所以後人乃稱為「泰山石敢當」。

在《魯班經》中有詳細記載，雕刻

●石敢當一。

●石敢當二。

石敢當，須選擇冬至日後之甲辰、丙辰、戊辰、庚辰、壬辰、甲寅、丙寅、戊寅、庚寅、壬寅日，此十日乃陽日之龍虎日，除夕夜用生肉三片祭之，大年初一之寅時（凌晨三～五時謂之虎時），立於門前，莫給外人看見，凡有巷道來沖，用此石敢當擋之。

石敢當可大可小，唯古時採用高四尺八寸，寬一尺二寸厚四寸，埋八寸於土中，都是早期因福建廣東之商船，當載運布匹藥材到台灣時，不得不以大石及石獅、石像來壓船底，使船在大風中安穩航行，這些石頭因為能保護船之平安抵達，便被有錢人買來做鎮宅之用。

另外在古宅中，也常常可看到牆腳用石塊砌成，上面才砌上「土角厝」，這些基石，組成五石或七石，便稱為五星石或七星石。我們也偶然在修建古宅時，於正廳或四隅之土中，挖到了石塊，這些石塊有的刻有七星圖案，因為早期蓋大厝之處，往往是請地理師勘察出的好風水，好地理總是希望能代代富貴下去，因此以「七星鎖地石」來鎮守風水也。

◆開運這樣做

在此介紹兩種用石頭鎮宅的方法：

一、五嶽石、五色石之運用

1. 埋鎮宅石：埋石在下為陰，所以安於四隅方。

2. 五嶽石、五色石之佈陣：擺石在上為陽，所以安於四正方位，求正財。

(1)五嶽石：至中國五嶽之金頂（太陽普照之光明頂），取有緣石，不選大小形狀顏色，此石之力量最大。

(2)五色石：五色石（綠、紅、白、黑、黃）擺五方水盤，另可準備一圓盤倒入三分之一的新水，將五色石佈於盤之五方，盤可置於客廳，桌之中處佈陣。

總之，不管是五方石或五色石在安放前，均須過火安放。

二、七星石之運用

三合院中神明廳下之地中，埋入一塊刻有七星圖樣之礎石，稱之為「七星鎖地石」，比如選一塊長二尺二（六十七公分），寬七寸（二十一公分）之石塊，上刻七小洞，代表北斗七星。也可以在地對挖一長方形凹穴，長四尺四（一百三十四公分），寬二尺二（六十七公分），於穴中擺置七顆丸石如柚子大小，排列亦如圖示，擺好後，再填土埋之，上面才開始鋪底層之地基，亦即七星鎖地石是埋在地基之最下方也。

也有人於屋之後面一堵牆腳，填入七星石或五福石，七星石是七顆丸石，五福石是五顆丸石組成半圓形也。或者於門廳前方安放一塊腳踏石，此亦安地靈。

屋前

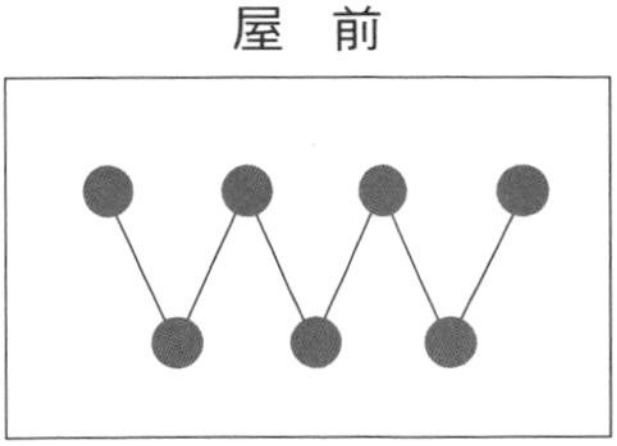

屋後方

開運小偏方

石敢當鎮宅須注意位置

別看石頭不起眼，其實好好的善用，發揮它天然磁場的功能，不論在風水改運或者個人造命上，都有頗為神奇的效果。此處要提醒你的是，石敢當必須對著沖煞的位置，才會有效哦！

★焚香催財法
★尿液防小人術
★瑞獸旺宅化煞法
★敷面改運法
★放鞭炮添財運法
★安神位納吉法

伍 怪奇妙方 轉好運

焚香催財法

自古以來，香就被視為可以降神的靈物，上可通神、下具法力，又能避邪、降福、去魅、淨穢、驅疫等功能。人民於祭祀時，焚香可藉其裊裊煙雲，明光火星以及四散的香氣，上達神界，引領神明循香下凡，享用善男信女們準備的豐富祭品，並聽聞人們的祈禱，達到神佛溝通的境界，它的重要性是無可替代的。

一般人使用的香有許多種類，包括線香、長壽香、排香、盤香（環香）以及檀香五大種類。目前市面上最常使用的香，大都是指線香。線香雖名為線，卻是用竹篾為心，外沾香粉製造而成，直徑約零點三公分，顏色分為黑、黃、紅三種，黑色常用在喪事及普渡、拜鬼；黃、紅二色香，可用來祀神祭祖及各種喜慶場所。長度短從三尺五分到二尺二寸都有，二尺以下的為家庭祭祀用的香，寺廟則用二尺以上的香。

●焚香催財。

◆開運這樣做

其實除了上述功能，香也可以利用在招財進寶方面，不管是要招財，還是討回朋友的欠款，都有神效。

一、焚香催財法

當正子時（十二點正）此時陽勝陰衰，焚香可藉其裊裊煙雲，散發香氣，上達神界，引領神明循香下凡，聆聽人們的祈求，這就是奇門遁甲催財術，步驟與重點如下：

1. 每天晚上十二點整。
2. 在客廳窗口或陽台上。
3. 備正方型紅紙二十一公分長寬，放在地下。
4. 米杯一個，外圍用紅紙包上。
5. 黃色線香一支。

6.禱告文：弟子〇〇〇今禱求眾神相助，保佑我居家平安，財運亨通。

這麼一來，每每一登堂入室，即聞撲鼻之香，讓人心曠神怡，則財神即將來臨，財運也跟著來。

二、焚香討債法

這種方法十分有效，尤其當對方不見、消失蹤影時，你可以利用晚上十二點整，喊對方的名字大叫——「某某人還錢！」，共計四十九遍，約一個月之內，對方即會出現。

開運小偏方

道教、佛教常用香

1. 大香：近年來，台灣開始流行，大過長壽香數倍的大香，這類香小者如握拳粗，大多在神明慶典廟會出現，每每搶盡風頭。
2. 壽香：壽香是用香粉壓製成壽字形的香，通常是寺廟神誕或民間壽誕時專用的香。
3. 盤香：盤香掛起來時外緣往下垂，是民間信仰中僅次於線香的常用香，在寺廟的中廳常見此香。環香和盤香的造形完全一樣，同樣為圓盤形的香，但環香較小，在供桌上使用，須用香柱為架，頂住環香內圈的頭，讓香的外圈自然下垂，點香則由外圈點燃。
4. 排香：排香顧名思義，乃指數枝成排的香，是一種由線香繁衍出來的香，大都用於正式祭典中，供主祭官上香之用，新婚夫婦祭祀時，也以排香來祭祖先。

尿液防小人術

世上有貴人也有小人，貴人使我們獲益，小人使我們受損，或招口舌是非，我們不能脫離人群獨居，朋友愈多，碰到小人的機會便愈大。

如果我們命犯小人，則小人煞氣會作祟，損害我們的運程，但若果命造，不犯小人，則身邊小人不管如何多，對我們也沒有甚麼重大干擾。我們運勢不佳時，小人可能是訝門的顧客或誤導我們的投資顧問。

在香港有一種行業，是專門打小人的，如果你犯小人，到天橋下可以看到有許多神婆（巫婆），她備有替身、金紙，如果你的小人是男生，就有男生的替身，如果你的小人是女生，就有女的造型替身，通常神婆會準備一個磚頭或拖鞋，不斷敲打在小人的身上，口中唸唸有詞，大致上是說：「遠離小人、遠離惡魔、壞運早離……等」字句，這種儀式在香港非常流行，神婆必須把這張小人的替身打爛，再備些紙錢燒掉它，代表從此遠離小人。

◆開運這樣做

你有沒有注意到，小狗用什麼東西劃分地盤、辨別身分？沒錯，就是依靠尿液。尿的功能非常多，動物用尿來佔地盤；中國自古以來就把童子尿當做藥引；道教也利用童子尿制煞鬼魅。

而在奇門遁甲中，尿液更可以用在制煞小人以及催財上面。當一個人運氣十分不順的時候，氣勢相對減弱，身體中磁場衰退，更容易遭致小人，因此更要利用自己的尿液，造命改運。

一、尿的存放步驟

1. 首先前三天不可吃海鮮食物，發揮淨身之效。（如果二十六日要存尿，則二十三至二十五日不可吃任何海鮮食品）。
2. 備約五〇〇CC的空酒瓶一個，將之用清水洗淨，然後將酒瓶瀝乾（空瓶中不再有酒的氣味）。

3. 二十六日凌晨零時存尿至酒瓶中（酒瓶中存放八十%尿為止），而且酒瓶瓶口不可蓋，存放四十九天為一個週期。

4. 一個人運氣十分不順時，相對氣弱，身體中磁波率一定十分低，連狗見到你時都會對你吼二聲，此時財運弱，並且易犯小人，唯有用自己的尿才能增加磁波。

5. 尿放在客廳某一角落，民國九十三年，宜放在東北、西南、東南、東方。

6. 公司負責人管理員工，當員工不乖，部屬有各種聲音時，可放在主事者桌下右手邊，或者主事者辦公室內右手邊，效果十分有效。

7. 奇門遁甲、壓小人法，往往有令人意想不到的效果。

開運小偏方 其他的防小人法

1.留尾指指甲防小人

在手相學當中，小指留指甲比較容易有貴人相助，當你犯小人的時候，不妨在小指留起指甲，且要超過無名指的第二節，代表防小人；也有些人喜歡戴尾戒，而尾戒的顏色最好是銀戒或者是玉戒，代表從今天起，逢凶化吉，遠離小人。

2.元辰斗改運法防小人

當人運氣不好的時候，相對你的氣場也減弱，此時到廟中點元辰斗，提昇個人的運氣，相對好運來、小人也減少了，這種方法省時又省錢，有神明的保佑，當然好運會快速到來。想不到尿也有這樣的功用吧！不過防小人的功用確實很大，讀者們不妨多加試試吧！

瑞獸旺宅化煞法

中國四靈是龍、鳳、麟和龜，先賢把這些瑞獸稱做靈獸，因瑞獸各有其感情、個性、智慧，且對人類是良善的，因此在平安、風水上常用這些瑞獸來招財化煞，一般人也購買其他瑞獸如貔貅、三腳金蟾、龍龜等來旺宅化煞。

不過，風水只幫助好人，風水用品之瑞獸是懂辨別是非的，也只幫好人。君賢臣忠，那些心存忠厚仁愛者是明主也，瑞獸必忠心盡力去助主旺宅化煞。君不賢，臣不忠，那些心地欠善或作惡事者不是賢主，即使是已開光的瑞獸也不會助旺宅化煞。

◆開運這樣做

一、如何挑選合適的瑞獸？

瑞獸並不是適合每個家庭擺放的，關鍵在於宅主的品德。宅主對瑞獸的態度是另一因素，若宅主擺放瑞獸，只因為想賺錢想學別人一樣家中擺一對瑞獸，對瑞獸旺宅化煞的能力半信半疑，瑞獸被塵封也不抹塵，又弄不清楚不同瑞獸的功能。這類人就像和瑞獸關係有緣無分，得到了已開光而靈性特強的瑞獸，卻不珍惜這緣分，若這些人不信任瑞獸旺宅化煞的功能，瑞獸必士氣低沉，逐漸失去其效用。

有些人未充分了解各瑞獸的特性和功能，現做一簡介：

龍

中國歷代帝皇的衣服繡了龍的圖案，龍是至尊貴的靈獸。若面向大門，右邊的房間、傢俬和電器多於左邊的，這便犯了白虎欺青龍，宜在左邊擺放龍的飾物，使家居白虎方和青龍方勢均力敵。龍的特性最怕乾旱，龍游淺水被蝦欺，故龍宜放在近水的位置或家中北方水旺之地。辰戌沖，生肖屬狗者不宜擺放龍在家居，若擇吉時擺放龍，不宜擇戌年或戌日，龍也不宜放在宅內的戌山。

●龍瑞壽。

鳳

鳳是南方之鳥，惜風水用品很少用鳳，若婚嫁之日遇上橫天朱雀，鳳凰可制朱雀，方法是用硃砂在黃紙寫上「鳳凰在此」即可解厄。

麒麟

麒麟是仁獸，見壞人便咬之，銅麒麟可化二黑和五黃屬上之理氣煞，因土被金洩，三隻麒麟向正三煞方，可化解流年三煞鳳（歲殺、災殺、劫殺），麒麟也可化解路沖、飛刃煞等。麒麟可制白虎，化解流年白虎煞，是化煞的最好風水用品。宜擇麒麟日吉時替麒麟開光，已開光的麒麟靈性特強，若配合開光古錢一起應用，化煞效力至巨。

●麒麟瑞壽。

●鳳瑞壽。

龜

龜是長壽的象徵，龜能飽吸天地間的靈氣，擺放時宜使牠頭部向窗外納氣，龜堅硬的外殼有瀉煞的功能，占卜多用龜殼來擲銅錢，可見龜是有靈性的。

貔貅

貔貅（又名避邪）能擋去陰邪之氣，能吸納八方的財氣，使家居錢財有入無出，是旺財的瑞獸，已開光的貔貅要加上餡料才能發載出納財氣的功能，餡料包括古錢、黃晶、玉環等。

●龜瑞壽。

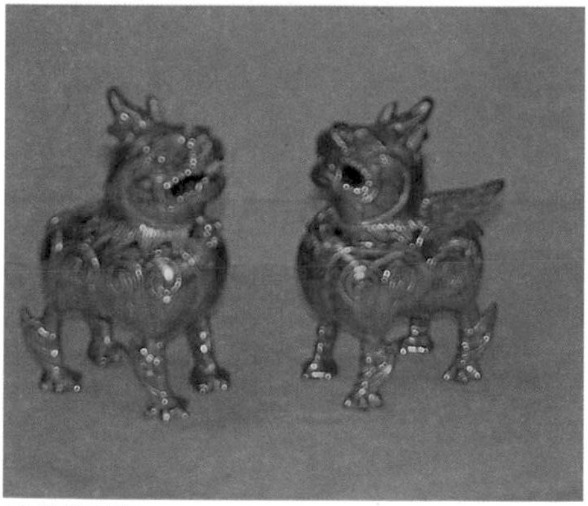

●貔貅瑞壽。

龍龜

龍龜是龍神和靈龜的化身，牠主要在納財氣和制太歲之用，已開光的龍龜要加上餡料才能充分發揮其功能，餡料包括龍銀、古錢、黃晶等。若用龍龜來制太歲，龍龜頭部要向太歲或歲破方，還要配合壓歲錢才能發揮制太歲的力量。

●龍龜瑞壽。

獅

瑞獅擺放要合度，筆者曾見過一些富有家庭在門外放一對石獅子，門的左邊是雄獅，右邊是雌獅，瑞獅的擺放必須是左雄右雌，並要雄獅和雌獅一齊擺放才行，若其中一隻獅子損壞了，不能單替已損壞的一隻修補，而要重新擇吉時放一對新的獅子。

但獅子品性凶猛，只宜在較大型的商舖擺放，一般民居可用貔貅納財，用麒麟化三煞和其他煞氣，以取代獅子的功能，所有居家要慎用獅子。

古代帝皇之家或高級官員的家居門前才准擺放獅子，其他民居，即使是富戶，若擺放獅子，恐招災禍，況且民居前的獅子對戶鄰產生形煞，實屬損人而不利己。

二、不同質地，功效有別

製造風水用品之瑞獸質地有銅、瓷和玉器三大類，例如有銅貔貅、瓷製貔貅和玉貔貅，不同的質地所造的瑞獸效用有少許差別，例如銅貔貅宜放在家居屬金、水或火的方位，以生旺宮位的五行和不剋洩宮位的五行，瓷製的貔貅和玉貔貅宜放在家居屬土、金或木的方位，以生旺宮位的五行和不剋洩宮位的五行。貔貅是旺財的瑞獸，宜面向大門吸納財氣，若把貔貅放在流年八白方來催動財星，效果更佳。

風水用品之瑞獸造型要有威勢生氣，瑞獸經特別方法開光才具有靈性和力量，並不是隨便點些硃砂在瑞獸的眼睛便叫做開光。擇時擺放瑞獸是重要的，那吉時就是瑞獸的出生時辰，誤用凶時來擺放瑞獸，牠生不逢時，瑞獸旺宅化煞的力量肯定減少。

開運小偏方　如何辨別石獅之公母

1. 左公、右母。（由屋內、廟內往外看。左青龍邊為公獅，右白虎邊為母獅）。
2. 公獅踏球，母獅照顧小獅。公獅踏球負責掌權掌錢。母獅有母愛，照顧小孩。
3. 公獅開口含珠，母獅閉口。（古法雕刻石獅應如此）。
4. 公獅有雄性生殖器官，母獅則無。

敷面改運法

樂透每週二次開獎，人人有夢，人人都想中大獎，每當被問到「我有沒有偏財」、「何時才輪到我中獎」等問題時，筆者反問你的額頭有沒有阿扁總統亮，鼻子有沒有像呂秀蓮般有肉，嘴巴有沒有像李登輝大，如果有，你一定中大獎，如果少一項就中小獎。

鼻子在面相學中被喻為財帛宮，鼻準代表一個人賺錢的能力，鼻翼代表一個人理財的能力，若鼻孔一大一小如豬哥亮，此人生性好賭，財庫進出不穩定，簽牌時易有瑕疵，唯有在臉上有彩光時才會中獎。

而當鼻頭看似亮亮的，又沒有青春痘或斑點，鼻毛不外露，下巴亮亮的，此時中大獎機會提高許多。

◆開運這樣做

最近媒體上常見敷面十四天，即可換來晶瑩剔透青春美麗的廣告，其實這個方法還會使正財、偏財皆旺。敷面最好成分：膠原蛋白、維他命C、蘆薈精華、保溼因子，一星期二次或者買條小黃瓜，切薄片貼在臉上，不久將來，財神爺即來報到，誰說敷面是女人的專利，要想財運旺別忘要敷面哦！

一、敷面改運法步驟

1. 先用卸妝將臉上的髒東西先洗乾淨，再用洗面乳將臉洗淨。
2. 皮膚上長青春痘的人，盡可能不要用肥皂清洗臉部，可以用蛋清加少許鹽，按摩臉部，在臉上停留約三分鐘後，即可清洗。切記，眼睛的四周圍，不可以用蛋清來按摩。
3. 假如你不喜歡用敷臉面膜，也可以用小黃瓜切成薄片，貼在臉上四周，它也有保濕的作用，且不傷皮膚。
4. 坊間古老的傳說，用絲瓜藤的根部水，接滿一個罐子，罐內的水是一個非常好的美容聖品，它可以收斂毛細孔，也可以美白皮膚。

二、敷面改運法的注意事項

1. 有些人喜歡擦一些美白的產品，讓皮膚強烈的脫皮，脫皮完後感覺上「晶瑩剔透」，其實皮膚上面不可以用強烈的脫皮方式，第一次脫皮需要約二十八天左右，才會長出新的皮膚，長期用一些換膚的產品，對人體有傷害，久而久之，雀斑或老人斑會出現。

2. 敷面第一個星期，可以每隔兩天敷一次，第二個星期，則是每隔三天敷一次，一個月後，正確的敷面方式，反而是每週一次，目前敷面的產品非常的多，常常可以在超級市場及大賣場買到，至於品牌的好壞，並不見得是國外的產品最好，也不見得名牌就是最好，因人而異。

3. 盡可能採用天然材料敷臉，如小黃瓜磨成泥，再加上一湯匙的麵粉、一湯匙的全脂奶粉、一點點蜂蜜、半顆蛋黃，把這些東西弄成泥狀，敷在臉上又省時又省錢，新鮮的小黃瓜，不含任何化學成份，對人體當中反而有很大的幫助。

4. 有些人說檸檬可以美白，雙氧水也可以美白，但是這兩種產品，對人體皮膚有直接的傷害，所以想要在家中自己DIY，千萬不可以用這種產品。

5. 坊間有一些敷面劑，打開後很容易揮發，放在皮膚上面會有刺刺的痛，它其中的成份含有酒精，酒精可以快速的放大毛細孔，但是沒有辦法收縮毛細孔，長期使用含有酒精的產品，會讓毛細孔越來越粗大，此時敷臉得不嘗失，毛細孔變大了。

6. 冰塊可以收斂皮膚，偶爾洗完臉後，用冰毛巾敷臉，會讓毛細孔縮小。

開運小偏方

敷臉宜慎選材料

後天加強中獎面相的產生，利用敷臉是不錯的方法。建議讀者選用含有膠原蛋白、維他命C、蘆薈精華、保濕因子成分的面乳，一星期一到兩次搭配小黃瓜敷在臉上，保持清爽好臉色，相信不久後財神一定會來報到。

放鞭炮添財運法

當午夜交正子時，新年鐘聲敲響，整個中華大地上空，爆竹聲震響天宇。在這「歲之元、月之元、時之元」的「三元」時刻，有的地方還在庭院裏準備「旺火」，以示旺氣通天，興隆繁盛。

在熊熊燃燒的旺火周圍，孩子們放爆竹，歡樂地活蹦亂跳，這時，屋內是通明的燈火，庭前是燦爛的火花，屋外是震天的爆竹響聲，把除夕的熱鬧氣氛推向了最高潮。

古書中多肯定鞭炮帶來的喜慶作用。歷代的詩人墨客總是以最美好的詩句，讚頌新年的來臨。王安石的〈元日〉詩：「爆竹聲中一歲除，春風送暖人屠蘇。千門萬戶曈曈日。總把新桃換舊符。」描繪了我國人民歡度春節盛大的喜慶情景。

清代潘榮陛在《帝京歲時紀勝》一書中，對當時除夕爆竹做了如下記載：「除夕之次，子夜相交，門外寶炬爭輝，玉珂競響．而爆竹如擊浪轟雷，遍乎朝野，徹夜不停。」

《紅樓夢》中也有描繪「院子內安下屏架，將煙火設吊齊備，這煙火俱系各處進貢之物，雖不甚大，卻極精致，各色故事俱全，夾著各色的花炮。說話之間，外面一色色的放了又放。又有許多『滿天星符』、『九龍入雲』、『平地一聲雷』、『飛天十響』之類的零星小炮仗。」

從這也可以看到舊時新春燃放煙花的盛況。

◆開運這樣做

一、放爆竹，接財神

爆竹聲響是辭舊迎新的標誌、喜慶心情的流露。經商人家，放爆竹還有另一番意義：他們在除夕之夜大放炮仗是了新的一年大發大利。

不過，據舊習認為，敬財神要爭先，放爆竹要殿後。傳說，要想發大財者，炮仗要響到最後才算心誠。舊時，從春節子夜開財門起，就有送財神的，手拿著一張紙印的財神在門外嚷著：「送財神爺的來啦！」

這時屋裏的主人，為了表示歡迎財神，便拿賞錢給來人，送財神的口中，當然總免不了要說些吉利話。例如：「金銀財寶滾進來！」或是「左邊有對金獅子，右邊有對金鳳凰」等等之類的口彩。

另外還有一種就是裝扮成財神爺的模樣，身穿紅袍，頭戴紗帽，嘴上掛著假鬍子，身上背著一個收錢的黃布袋，後面跟著幾個敲鑼打鼓的，挨家挨戶地去散發財神爺像，以便討賞錢。每到人家門口，就唱起：「左廂堆滿金銀庫，右邊財寶滿屋堆」。一大堆討吉利的話，不絕於口。

直到主人歡喜地接過那張紅紙財神爺像，給他們些錢，扮財神的這些人，連聲道謝之後，就起勁地敲打一陣，在咚咚鏘鏘的鑼鼓聲中，轉到別家去了。

開運小偏方 放鞭炮，快速催財

告訴你一個真實的故事，筆者曾經參加世貿中心的一場婚紗展，當時老闆覺得生意不好，就幫他做奇門遁甲，在世貿放鞭炮，第一次在世貿放鞭炮的人就是筆者，並引起世貿十分反感。放完鞭炮後，那一天的成交量為六十七對，前一天才只有十幾對的成交量，增加了四倍，這是一種快速的催財方法。

我還曾經遇到某一店面，從東邊搬家搬到西邊，移的地方不漂亮，所以選了個吉時在牆壁上放鞭炮或室內放鞭炮，室內放鞭炮時我會用環保鞭炮，室外時用一般鞭炮，放了鞭炮後效果非常好，馬上當天見效。

安神位納吉法

所謂的安神位是指在家裡迎接並供奉神明的儀式，希望神明能保佑家宅常吉。如果神位安得不好，會使家宅不安，此事不可不慎。因此，安神位的步驟與注意事項也相當多，一一詳述如下：

1.用文公尺由地上量起，至適合高度，取其吉字安置。

2.左右亦須注意，左青龍右白虎，語謂「迫虎傷人」故虎邊不可太迫。由左邊量青龍邊有吉字即可。

3.神案正對面之景觀不可對電線杆、屋角、柱子、以及一切礙眼之物。

4.神案前之日光燈宜平行為吉。神案不可高過門檻。

5.在釘神案前，牆壁宜先用刈金清潔乾淨。

6.先安神位，後安祖先靈位。神位安置錯誤，家中男人不利，祖先牌位安置不好，家中女性不順。

7.墊香爐的紙錢，神明用壽金、祖先用刈金。

8.安神位宜備之紙錢有壽金、大壽金、刈金，及土地公金。

9.神像每年要清潔一次，於除夕當天早上清爐時，用手拜拜，並默唸：「請神明在旁邊等一下，弟子要清爐，清好後，再請您上神桌」。然後請下神明金身，用毛刷清去灰塵，檢查金身各部份看是否有裂痕或蟲蛀，受傷害，如有則要重新選換金身。

10.神位明堂不可太狹促，勿位於屋中的正中央處，也勿置於宅之尖端角落處。神位不可安於樑下、臥房內；勿正沖馬路或巷道、不可看到反弓路、勿被屋角所射、不可向房門或廁所、勿置於樓梯之牆壁；神位背後之牆不可做為夫婦房、不可不牢靠、勿有動土、修造之事；神位前方勿置放鏡子與之對照。

◆開運這樣做

一、擇日與方位

擇日

須考慮主事者的生肖來挑選，並有安香日。

方位

取當年大利之方向。若無大利之方向，宜用浮爐。「浮爐」乃爐下放一盤子不使爐直接接觸桌面。

二、供品器具

供品

備好五種水果（番石榴及番茄不可用），若有祖先須用三牲，並準備湯圓、發粿、清茶、鮮花。湯圓是團圓的意思，若拿來拜神明須以茶杯乘之，拜公媽則以碗乘之；供奉發粿則取意「發貴」，神位安好後，發粿宜放置神桌三天。

神像

標準高度一尺三寸或一尺八寸，宜用木雕，不可用瓷器、銅鑄、玉雕、象牙雕或畫像。木質有：樟木、檀木、檜木、沉木，請注意佛像雕刻要一體成型，不可用接合的，金身不可有裂痕。一般家庭常拜的神明有觀世音菩觀、關聖帝君、福德正神……等，通常依自己的緣份供奉，神明供奉以單數為吉兆，即一、三、五尊。

香爐

宜用磁爐，銅爐次之，最忌大理石爐。

神桌

標準高度必須合乎丁蘭尺（文公尺）的吉利尺寸。神位供奉在牆壁上者，原則上香火要高於人的眼睛。

三、神位安置次序

1. 丈量確定吉利的高度→用刈金清理牆壁→釘架子→安神像圖→神燈→燭台→鮮花→香爐用壽金過火置寶（銅錢）→點三柱香、敬盞及清茶→五果→三杯湯圓→發粿。
2. 爐面高度宜配合佛像肚臍為宜。若不夠高，下面墊壽金（壽金的第一張不可用，然後用紅紙包好墊在爐下方）。宜六寸瓷爐，主財氣也主男人事業，不可高於神尊。
3. 爐內置寶，用一元銅版三枚。以正反正的方式放置，亦可放十二寶或五寶（金銀銅鐵錫）。祖先爐內不可放寶。
4. 神像宜擇吉日開光，開光所用之鏡子及筆宜固定於神像旁。
5. 一切準備齊全後，雙手過爐，喊：進進進，第三聲後將神像固定。
6. 安神後每日早晚一柱香，節日三柱香。

四、祖先牌位安置次序

1. 先放燈→然後放妥祖先牌位→燭台→敬盞→三牲→由內而外。
2. 祖先牌位不可高過神像，勿置於神爐前，因為其屬陰宜低宜退。神明香爐應高過於祖先香爐。祖先爐，採方型錫爐，主家規、主婦身體健康，也主庫位。
3. 若有兩姓牌位，主姓在左，副姓在右，祖先牌位上常具如：考、祖、高、太、始、遠、開基、壇、遙，宜用七寸紅絲線隔開爐中香，以免雙龍搶珠。(七寸約二十一公分)。
4. 祭祖時碗筷置多少以有幾位祖先定之。
5. 神桌上宜清潔不可放任何雜物。
6. 全部安好後每人點香七柱，並默念：「今天是農曆○年○月○日，吉日良辰，安神位大吉昌，佛光普照、鎮宅光明，保佑闔家平安，萬事如意。身體健康、貴人得助、財源滾滾，全家事業成功、鴻圖大展。祈求神明保佑家庭幸福，子女優秀、吉日良辰」。念畢，默禱許願一分鐘。
7. 香過三分之二後開始燒紙錢，依大壽金、壽金、刈金、土地公金順序燒之。
8. 安神位之日黃昏時宜拜地基主。拜法如下：便菜飯、酒三杯、紅燭、碗筷、湯匙。紙錢用銀紙、巾衣。拜廚房往客廳方向拜拜供桌需45度角，供桌不宜太高。

9. 神位安妥後，宜三天內點著香燭，若持續不斷為大吉。

10. 每年農曆十二月二十四日為送神，可以清爐，平時忌清爐。

11. 若搬家時，祖先牌位宜用「謝藍仔」下鋪刈金，擇「出火日」，宜在零點至五點前移出，忌見陽光宜帶黑色洋傘。

開運小偏方 安神位的吉方

年／生肖	忌安神位方向			大利安神位方向
	太歲	歲破	立黃方	
93年（西元2004）猴	西西南	東東北	中宮	東西
94年（西元2005）雞	西	東	西北	南北
95年（西元2006）狗	西西北	東東南	西	東
96年（西元2007）豬	西北北	東南南	東北	南北
97年（西元2008）鼠	北	南	南	東西
98年（西元2009）牛	東北北	西南南	北	南
99年（西元2010）虎	東東北	西西南	西南	東西
100年（西元2011）兔	東	西	東	南北

算命改運不求人

胡婕筠老師命理講座

十二生肖姓名學

教學內容：
1. 文字的結構、姓名的架構。
2. 姓名之大運運程分析。
3. 天地人論斷訊息解析。
4. 文字拆解。
5. 文字與生肖之互動關係。
6. 子、丑、寅、卯、辰、巳年出生之姓名吉凶概論。

愛情姓名學、磁場姓名學

教學內容：

一、初級班
1. 數字篇。
2. 五行生剋篇。
3. 如何找老闆（貴人方）。
4. 如何找合作夥伴。
5. 如何選職員（用人方）。
6. 人際關係相處之道。
7. 秘書篇—如何找到得力助手。
8. 探討財富。

二、高級班
1. 納音姓名學。
2. 如何從姓名看流年。
3. 用姓名趨吉避凶、造命開運。
4. 如何取公司名字。
5. 婚姻宮—戀愛、訂婚時會發生什麼事。
6. 外遇篇—外遇事件如何處理、假象夫妻。

飛星紫微斗數（初、高、職業班）

教學內容：星性解說、十二宮分析、飛星四化解說。

一、初期班
1. 排命盤
2. 論星性：紫微、天機、太陽、武曲、天同、廉貞、天府、太陰、貪狼、巨門、天相、天梁……等。
3. 論雙星組合：紫微天府、紫微貪狼、紫微天相、紫微七殺、紫微破軍、天機太陰、天機巨門、天機天梁、太陽太陰、太陽巨門……等。
4. 論命宮。
5. 論兄弟宮。
6. 論夫妻宮。
7. 論財帛宮。
8. 如何論斷財、官、情、疾厄、壽及流年、大運的吉凶悔吝。

二、高級班（24堂課）
1. 如何論大運、論流年、論流月、論流日。
2. 課程以「紫斗、八字、人相」的星、命、相合參應用為主。
3. 秘傳道家的以十二生肖、六十甲子太歲及吉祥、制煞物等的「造命開運」法及「趨吉避凶」法。
4. 紫斗「天、地、人、玄」四盤的傳授。八字「算、看、批、通」四法的教導。人相「法眼、天眼通」

的訓練。

5. 飛星派獨傳改運法，化解命中的災劫。

三、職業班（跟隨胡老師身邊做助理，期間半年）

飛星派教學與別派不同，教學期間學生提供十張命盤，由胡老師教導如何論斷此人命運。不論上初級班、高級班、職業班皆由學生提供命盤給老師指導。

陽宅學

教學內容：

1. 擇日化煞法、催財、催貴。
2. 現代風水吉凶論斷之程序與應用。
3. 景觀風水、住家風水、商業空間之風水應用。
4. 羅經之應用與擇日學。
5. 門、客廳、廚房、睡房、書房擺設注意事項，開運御守。

奇門遁甲

教學內容：

一、初期班

1. 何謂奇門遁甲。
2. 陰陽五行、天干地支、日令、節氣、五行旺相之用事。
3. 奇門遁甲八門用法。
4. 奇門遁甲九星用法。
5. 奇門遁甲九神用法。
6. 陽宅學東西四命之財位吉位。
7. 科第文昌之佈局。
8. 吉祥物造命篇。

二、高級班

1. 催財魔法篇、燒木炭催財法、敲牆壁催財法、放鞭炮催財法、插花催財法、點香精催財法、吉祥物飾品催財法、七寶石求財法、盆栽聚氣法、風水車催財法。
2. 造運魔法篇。
3. 催婚魔法篇。

擇日學

教學內容：擇吉修造開運妙法。

一、初級班

以「協紀辦方書符」、「鰲頭通書」、「象吉通書」、「古今圖書集成」為主，輔以「選擇求真」而達「先天時空人」配合「後天時空人」的造命目的。課程中除詳介「通書便覽」及「三元擇日」的速成法外，並輔助民俗節日造命、催財、催官、奇門遁甲制化等秘法。

二、高級班

1. 巒頭法、理氣法、八宅法、紫白九星法、元運之理論詳述。
2. 利用陽宅居家佈局以達財、官、情、貴人、文昌之催化功效。
3. 陽宅配合擇日論移徙、入宅、安香、開市、安床、嫁娶等實務及儀式之配合。
4. 天（擇日）、地（陽宅風水）、人（四柱八字）、玄（玄神法）綜合運用、理論實務秘法傳授。
5. 以陽宅、擇日、奇門遁甲詳介各類「造命」用事之「修造法」講解指導。

手相學

教學內容：

1. 詳介掌紋、指紋、掌丘、手形、指相、氣色等。
2. 論斷婚姻、戀愛、財富、壽夭、疾病、個性、學業、靈性、事業、災厄等命運現象。
3. 論斷實務與技巧。
4. 贈送講義及資料。

面相學（24堂課）

教學內容：

一、初期班

以《神相全篇》、《太清神

鑑》、《人倫大統賦》等古書為憑，不過卻以目前時空的人們為詮釋的對象。講座中除傳授上相（神、氣）、中相（色、骨）、下相（形、位）之外，並以實例講述手相、痣相、心相、體相的合參法。「知人知面又知心」是現代人必備的生活、生存利器，盼各位都能擁有之！

二、高級班

面相十二宮簡介，大運流年。

1. 別讓氣色透露你的秘密。
2. 在一個適當的路口轉彎。
3. 如何增加競爭的能力。
4. 困境中找出路。
5. 如何生涯規劃。
6. 經濟不景氣，如何自我爭氣。
7. 如何論斷財、官、情、疾厄、子媳、個性、學業。
8. 獻給企業家們—用人十招。

●西洋占星學

教學內容：星性的分析解說。

1. 命盤計算的準備與時間換算的基本概念。
2. 行星和其他重要點的位置計算
3. Placidus System宮位系統計算。
4. 宮頭位置的更精確計算。
5. 南緯地區的換算。
6. 命盤上各種位置的標記。
7. 黃道十二宮的基本概念。
8. 後天十二宮的基本概念。
9. 黃道十二宮的區分。
10. 符號與神話。
11. 宮主星。
12. 四正星。
13. 基本宮。
14. 固定宮。
15. 變動宮。
16. 三方宮。
17. 現代占星學上的行星意涵。
18. 行星的逆行、互容和廟旺陷弱。
19. 行星的解讀方式。
20. 行星的影響力及其論斷原則。
21. 個人的心理與行為反應。
22. 個人的環境與事件肇因。
23. 行星落入星座的徵象說明。
24. 宮位的環境制約。
25. 先後天宮的結合。
26. 行星落入宮位的徵象說明。
27. 相位的分類。
28. 相位的論斷原則。
29. 相位徵象的說明。

※注意事項：

1. 各講座於每年3、6、9、12月開課。
2. 在台北、中壢、台中、台南有教學教室。台北、台中等地由胡婕筠老師指導教授；台北、中壢、台南等地由胡山羽老師導教授。
3. 胡老師的網址：http://home.kimo.com.tw/a341267/
4. 胡婕筠工作室
地址：台北市延平南路33號4樓
電話：（02）23717286
23717287
傳真：（02）23149299

廣　告　回　信
臺灣北區郵政管理局登記證
北台字第8719號
免　貼　郵　票

106-□□
台北市新生南路3段88號5樓之6

揚智文化事業股份有限公司　收

□□□-□□
地址：　　市縣　　鄉鎮市區　　路街　段　巷　弄　號　樓
姓名：

PUBLICATION
生智

書號　D6111　　書名　魔法媽媽開運大補帖

SHENG-CHIH BOOK SHENG-CHIH BOOK SHENG-CHIH BOOK SHENG-CHIH BOOK
SHENG-CHIH BOOK SHENG-CHIH BOOK SHENG-CHIH BOOK SHENG-CHIH BOOK

生智文化事業有限公司

讀·者·回·函

感謝您購買本公司出版的書籍。
為了更接近讀者的想法，出版您想閱讀的書籍，在此需要勞駕您詳細為我們填寫回函，您的一份心力，將使我們更加努力！！

1. 姓名：________________
2. E-mail：________________
3. 性別：□ 男 □ 女
4. 生日：西元______年______月______日
5. 教育程度：□ 高中及以下 □ 專科及大學 □ 研究所及以上
6. 職業別：□ 學生 □ 服務業 □ 軍警公教 □ 資訊及傳播業 □ 金融業 □ 製造業 □ 家庭主婦 □ 其他______
7. 購書方式：□ 書店 □ 量販店 □ 網路 □ 郵購 □書展 □ 其他______
8. 購買原因：□ 對書籍感興趣 □ 生活或工作需要 □ 其他______
9. 如何得知此出版訊息：□ 媒體______ □ 書訊 □ 逛書店 □ 其他______
10. 書籍編排：□ 專業水準 □ 賞心悅目 □ 設計普通 □ 有待加強
11. 書籍封面：□ 非常出色 □ 平凡普通 □ 毫不起眼
12. 您的意見：____

____

13. 您希望本公司出版何種書籍：________________________________

☆填寫完畢後，可直接寄回（免貼郵票）。
我們將不定期寄發新書資訊，並優先通知您
其他優惠活動，再次感謝您！！

新思維・新體驗・新視野

PUBLICATION

新喜悅・新智慧・新生活